MÉMOIRES

DU

COMTE HORACE DE VIEL CASTEL

SUR

LE RÈGNE DE NAPOLÉON III

(1851 -- 1864)

PUBLIÉS D'APRÈS LE MANUSCRIT ORIGINAL

AVEC UNE PRÉFACE

PAR

L. LÉOUZON LE DUC

V

1859

PARIS
CHEZ TOUS LES LIBRAIRES
1884

MÉMOIRES

DU

COMTE HORACE DE VIEL CASTEL

SUR

LE RÈGNE DE NAPOLÉON III

(1851—64)

Imprimerie B.-F. Haller, Berne

MÉMOIRES

DU

COMTE HORACE DE VIEL CASTEL

SUR

LE RÈGNE DE NAPOLÉON III

(1851 — 1864)

PUBLIÉS D'APRÈS LE MANUSCRIT ORIGINAL

AVEC UNE PRÉFACE

PAR

L. LÉOUZON LE DUC

V

1859

PARIS

CHEZ TOUS LES LIBRAIRES

1884

SOMMAIRE.

ANNÉE 1859.

JANVIER.

FÉVRIER.

Pages

(Fin de l'année 1859.)

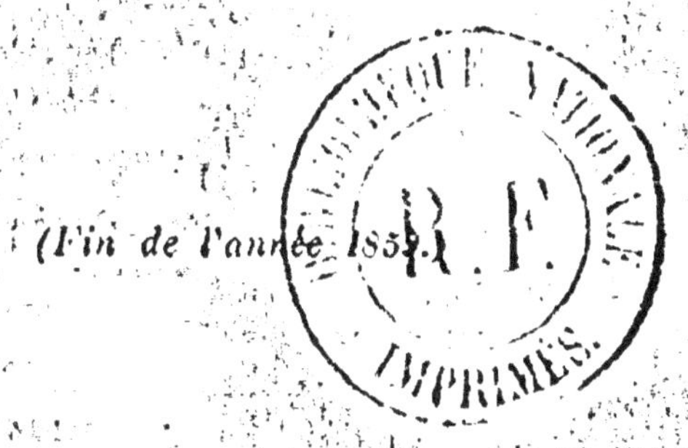

ANNÉE

1859

DIMANCHE 2 JANVIER.

L'Empereur très mécontent de Walewski lui a fait une scène fort vive. Walewski, on ne peut plus ému et impressionné, a dit à l'Empereur qu'il ne pouvait pas garder son Ministère après les paroles qui lui ont été adressées.

On ignore si cette affaire s'arrangera ou si Walewski partira.

LUNDI 3 JANVIER.

Il s'est passé à la réception diplomatique un incident dont tout Paris est préoccupé.

L'Empereur a dit à l'ambassadeur d'Autriche :

« Je suis charmé de vous voir, Monsieur l'ambassa-
« deur, et je vous prie de transmettre mes souhaits de
« nouvelle année à votre souverain, et de l'assurer de mes
« sentiments particuliers, quoique les relations de nos cabi-
« nets ne soient pas ce qu'elles devraient être. »

Messieurs les Italiens se réjouissent fort de cet incident, et je crois que tous les amis de l'Empereur devraient s'en affliger.

L'Italie est agitée, le Piémont à bout de ressources est débordé par l'élément révolutionnaire; si une guerre éclatait entre la France et l'Autriche, elle deviendrait bientôt générale, et les partis politiques profiteraient de cette guerre générale pour tenter des bouleversements.

Malgré cette belle parole: *l'Empire c'est la paix,* l'Empereur voudrait conduire une guerre, l'armée la désire, mais tous les hommes sages la craignent.

Et pour qui ferions-nous la guerre? pour le Piémont, pour Mazzini et pour Murat, à parler franchement, cela n'en vaut pas la peine.

Quant aux Italiens, ce n'est pas un peuple, c'est un hôpital de fous ou d'enragés dont le sens moral est perdu.

MERCREDI 5 JANVIER.

Hier, je dînais chez la Princesse Mathilde où l'on était fort à la guerre. Les Italiens sont enchantés, mais la place de Paris l'est moins; toutes les valeurs baissent et le commerce s'inquiète. L'armée, c'est-à-dire les jeunes officiers seraient enchantés, mais l'homme sage ne prévoit dans une guerre contre l'Autriche qu'un accroissement de charges et la perspective d'une longue et sanglante perturbation.

Nous ne sommes point encore assez débarassés des partis politiques pour supporter sans troubles une guerre en Italie et en Allemagne.

Voici le texte officiel des paroles adressées à l'ambassadeur d'Autriche par l'Empereur :

« Je regrette que nos relations avec votre gouvernement ne soient pas aussi bonnes que par le passé, mais « je vous prie de dire à l'Empereur que mes sentiments « personnels pour lui ne sont pas changés. »

Je ne crois pas malgré toute cette agitation que l'Empereur songe à la guerre, mais je pense qu'il veut faire craindre à l'Autriche que la continuation de sa politique hostile et tournoyante pourrait l'amener.

DIMANCHE 9 JANVIER.

L'émotion causée par les paroles de l'Empereur dure toujours et les journaux étrangers l'entretiennent par leurs appréciations ; il y a le parti de la guerre qui voudrait entraîner la France à soutenir la cause des révolutions italiennes et de l'ambition piémontaise.

Je conserve quelqu'espoir que l'Empereur n'embrassera pas ce parti bien dangereux.

Il se répand que le prince Napoléon va épouser la fille aînée du roi de Sardaigne. Cette jeune personne n'est agée que de seize ans ; je la plains si ce mariage sert à encourager et à soutenir au besoin l'ambition piémontaise contre les velléités de laquelle la politique française s'est toujours tenue en garde.

Il y a mardi un bal aux Tuileries, je compte y aller pour voir les physionomies des partisans de la guerre.

MERCREDI 12 JANVIER.

Hier, il y a eu bal à la cour très nombreux et même un peu cohue. Un homme qui craignait d'être étouffé dans la foule du salon de la Paix, a fait entendre des cris de détresse, ce qui a attiré l'attention de l'Empereur et de l'Impératrice, mais il n'y a pas eu d'accident. Nous sommes toujours entre la paix et la guerre sans pouvoir deviner la décision *du maître.*

Les Italiens et bon nombre de Français poussent à la guerre, quelques gens raisonnables pensent qu'il serait temps pour la France de s'arrêter dans la voie des Don Quichottismes qui ne rapportent rien.

D'autres encore disent tout haut qu'une guerre contre l'Autriche, quoiqu'on veuille prétendre, n'est pas petite affaire, qu'au début ce ne serait qu'une guerre ordinaire, avec ses chances de succès ou de malheurs, mais qu'en moins d'un an l'embrasement de l'Europe serait général.

L'ambitieuse maison de Savoie se voit près d'atteindre son but et cherche par tous les moyens possibles à entraîner la France.

Si le Piémont hérite du Nord de l'Italie, nous aurons un jour maille à partir avec ce matamor qui s'enfle déjà et qui quelque jour, plus enflé encore deviendra exigeant.

Tout cela est instinctivement senti par la masse des gens raisonnables, aussi ne voit-on pas avec plaisir le mariage du prince Napoléon. Voilà un gendre qui nous forcera à tirer les marrons du feu pour son beau-père.

L'Empereur sait probablement qui serait neutre, hostile ou ami en cas de guerre, je le pense, mais peut-on se fier à l'Europe politique dont les gouvernements, les trois quarts du moins verraient avec plaisir humilier l'orgueil de la France et avec plus de plaisir encore détruire la suprématie morale de l'Empereur.

Les jeunes militaires veulent une guerre pour trouver de l'avancement, ils spéculent sur les pertes de l'armée, sur les vides qui se feraient même en cas de succès dans le cadre des officiers pour gagner une épaulette ou une étoile de plus, ils sont comme les actionnaires d'une tontine.

Vimercati fanfaronnait hier aux Tuileries en uniforme de capitaine piémontais.

Le prince Napoléon m'a paru plus désagréable de figure et de tournure qu'à l'ordinaire. La tête de Néron avec une dose de dissimulation légèrement couarde sur un corps assez mal bâti, pas de cou, les jambes trop grêles pour le torse, une démarche sans dignité, c'est un *Philippe Egalité*.

VENDREDI 14 JANVIER.

Le prince Napoléon est parti pour Turin où il aura une entrevue avec la princesse fille du roi de Piémont; il reviendra, dit-on, jeudi prochain. Si la princesse l'agrée, le mariage aura lieu sous peu.

La princesse piémontaise a seize ans, elle est à ce qu'on assure douée d'un caractère très prononcé.

Le prince Napoléon a chargé sa sœur de composer la corbeille, il lui donne un crédit de cent mille francs pour l'achat de la corbeille et de cent mille pour les diamants.

Les Italiens soufflent fort dans leurs narines, les Piémontais ont pour le quart d'heure vingt-cinq pieds de haut.

La place de Paris est inquiète, la rente et les valeurs industrielles baissent et toutes les craintes de la guerre que l'on promène à travers l'opinion fatiguent et indisposent le public.

L'Autriche augmente son armée en Italie, enfin la situation de la France peut se comparer à une fièvre dont les accès fatiguent énormément le malade en attendant que son caractère soit prononcé.

LUNDI 25 JANVIER.

Toujours même agitation et mêmes inquiétudes à propos de la guerre. Le Piémont voudrait nous y entraîner, et nous n'avons que trop de gens ici qui font chorus avec le Piémont.

L'Empereur causait ces jours derniers avec le général Delarue et lui témoignait son étonnement de l'émotion causée en France par les paroles qu'il a dites le 1er janvier au ministre d'Autriche.

Delarue lui répondit que cette agitation avait peine à se calmer parce qu'une guerre compromettrait trop d'intérêts importants.

Quelques instants après, Rothschild voulut savoir ce que l'Empereur venait de dire et lorsqu'il l'eut appris il s'écria avec son accent tudesque :

« L'Empereur ne connaît pas la France, il y a vingt « ans, la guerre pouvait se faire sans grandes perturba- « tions, il n'y avait presque que les banquiers qui eussent « des valeurs de bourse ou des valeurs industrielles, mais « aujourd'hui tout le monde a des coupons des chemins « de fer ou du 3 %. *L'Empire c'est la paix*, l'Empereur « a eu raison de le dire, mais ce qu'il ne sait pas, c'est « que l'Empire est foutu si nous avons la guerre. »

Le comte Hatzfeld, ministre de Prusse à Paris, est mort.

Le duc de Plaisance, grand-chancelier de la légion d'honneur, est mort laissant sept millions de fortune.

Quelques personnes prétendent que Regnault de Saint-Jean d'Angely prendra la légion d'honneur et que Canrobert aura le commandement de la garde. D'autres disent que c'est Castellane qui aura la légion d'honneur, etc.

DIMANCHE 30 JANVIER.

Le mariage du prince Napoléon a dû être célébré ce matin à Turin. Les nouveaux époux arriveront mardi à Marseille où la ville leur prépare une brillante réception. Le général Fleury par ordre de l'Empereur est allé les y recevoir. Six voitures de gala et douze valets de pied sont partis en même temps. Le prince Jérôme et la Princesse Mathilde iront à leur rencontre jusqu'à Fontainebleau. L'entrée à Paris aura lieu jeudi prochain avec solennité.

La composition de la maison de la Princesse rencontre de grands obstacles, jusqu'à présent presque tout le monde refuse d'en faire partie. On ne veut s'exposer ni aux galanteries du prince Napoléon, ni à ses boutades de mauvaise humeur, ni à ses mauvaises façons. Enfin on est parvenu à décider Madame E. Thayer (Mlle de Padoue) à être grande maîtresse!

On ne connaît encore ni les noms des dames pour accompagner, ni celui du chevalier d'honneur, ni ceux des autres officiers.

Les journaux font parvenir au public une nouvelle qui ne laisse pas ce matin que de surprendre un peu les bons citadins de Paris.

Il y a peu de jours, deux agents de change, tous deux officiers de la garde nationale, se sont souffletés à la Bourse, mais très partisans de la loi Dupin (loi du soufflet sans rancune), rien n'a pu les décider à mettre l'épée à la main.

L'administration supérieure a compris en de telles circonstances qu'il était important de renforcer dans la garde nationale essentiellement amie des lois, un corps de citoyens qui les respectaient si bien; en conséquence M. Charles Daverne, agent de change est nommé chef du 10e bataillon de la garde nationale de Paris.

La garde nationale et messieurs les agents de change sont actuellement manche à manche, car c'est la garde nationale qui est souffletée par ce décret!

Mme Emile de Girardin et Mme de la Roncière sont inscrites sur la liste proposée à l'approbation de l'Empereur au nombre des dames qui devraient faire partie de la maison de la nouvelle princesse !

On a déterré à Arras pour le fils de Monsieur Magne une héritière qui lui apporte, dit-on, en mariage quinze millions!... toute la Barocherie va en crever de dépit.

Nous ignorons toujours si nous sommes à la paix ou à la guerre.

Lundi dernier, chez la Princesse Mathilde, Espinasse, aide de camp de l'Empereur, faisait de grands discours en faveur de la guerre, mais par contre, je sais que Fleury s'y montre tout à fait opposé.

La Princesse est devenue très amie de la paix, de guerrière qu'elle était, il y a trois semaines.

Les Vimercati et tous les Italiens sont moins satisfaits.

Le public attend avec impatience le discours que l'Empereur prononcera dans huit jours à l'ouverture de la session législative.

VENDREDI 4 FÉVRIER.

Le discours prononcé par la reine d'Angleterre à l'ouverture du Parlement est arrivé hier à Paris; une seule phrase de ce discours a trait à la question de la guerre ou de la paix.

« Je reçois de toutes les puissances étrangères des « assurances de leurs sentiments amicaux. Cultiver et « confirmer ces sentiments, maintenir pure la foi des traités « publics, et contribuer autant que mon influence peut

« s'étendre, à la conservation de la paix générale. Tels « sont les objets de ma constante sollicitude. »

Ce paragraphe a paru pacifique aux uns, belliqueux aux autres, et comme la Bourse est fort peureuse, le 3 % a baissé de 80 centimes.

Un article du *Times* n'a pas peu contribué à cette panique, il commence ainsi :

« Les événements suivent une marche avec laquelle « une longue expérience nous a rendus familiers. Toute « l'Europe se couvre d'armes, les conseils modérés de la « sagesse et de la justice sont jetés au vent. Dans quelque « temps nous apprendrons peut-être la nouvelle de glo- « rieuses victoires ou de défaites désastreuses. »

On attend aujourd'hui une brochure de La Guéronnière, écrite sous l'inspiration de l'Empereur et qui a pour titre : *Napoléon III et l'Italie.*

On attend aussi avec impatience le discours que l'Empereur prononcera le 7.

Enfin l'inquiétude est grande, l'esprit public est contre la guerre.

On a demandé dans chaque régiment les ouvriers en bois et en fer qui ont été dirigés sur Toulon.

Le gouverneur de l'Algérie a reçu des instructions pour le cas de guerre.

Au milieu de cette inquiétude nous avons eu l'entrée du prince Napoléon et de la Princesse Clotilde ; ils ont été reçus par la population glacialement ; les masses curieuses ne proféraient aucun cri et ne se découvraient même pas.

Le prince Napoléon n'est ni aimé, ni estimé et de plus son mariage semblait une annonce de guerre.

SAMEDI 5 FÉVRIER.

La brochure de La Guéronnière : *Napoléon III et l'Italie*, a paru, elle produit le plus détestable effet, elle se prononce contre le maintien des traités et annonce une réorganisation de l'Italie d'où l'Autriche serait exclue. Enfin elle dit :

« Nous demandons à la diplomatie de faire à la veille « de la lutte ce qu'elle ferait le lendemain de la victoire. »

Malgré tout mon scepticisme je me vois forcé de reconnaître que nous sommes à la veille de la lutte et j'en gémis profondément, car cette guerre n'a pas l'appui national ; on réfléchit avec anxiété aux conséquences, on cherche nos alliances et à l'exception du Piémont on ne trouve que l'élément révolutionnaire italien !

On est surtout frappé de la dissidence qui se manifeste déjà entre la Grande-Bretagne et la France. La reine Victoria proclame dans son discours comme base de sa politique le respect des traités. La brochure fait bon marché des traités et proclame leur révision.

Nous sommes bien loin de : *L'Empire c'est la paix,* et des discours prononcés par l'Empereur lui-même dans lesquels il protestait devant l'Europe et devant son pays de son respect pour les traités.

Tout est donc à la guerre, le moindre incident peut la faire éclater. L'armée de ligne est renforcée ; Grenoble regorge de troupes ; on y fabrique à force des cartouches ; les achats de chevaux se font sur une grande échelle ;

toute la volonté de l'Empereur est pour la guerre, mais cette volonté n'a pas même l'approbation de ses amis. Persigny s'est prononcé contre la guerre, Morny ne l'approuve pas, il en paraît fort triste, les ministres, ont fait valoir contre toutes les raisons possibles et les grands corps de l'Etat ne l'encourageront certes pas.

Si la guerre a lieu, elle se fera contrairement au vœu général. Toutes ces inquiétudes paralysent nos industries, les commandes s'arrêtent et si cela continue, la moitié des travailleurs sera sur le pavé dans un mois.

Si la guerre est déclarée, l'Empereur viendra commander l'armée, il est depuis longtemps dévoré du désir de faire mouvoir de gros bataillons. Que Dieu veuille bien détourner de nous de tels malheurs!!

DIMANCHE 6 FÉVRIER.

Autant nous étions vendredi à la guerre, autant nous sommes maintenant à la paix; la rente a haussé de 1 franc!!...

Il n'a fallu qu'un discours de Lord Palmerston et une réponse de M. d'Israéli pour opérer le revirement. L'Angleterre a dit qu'elle mettrait toute sa diplomatie à rapprocher l'Autriche et la France, à empêcher le conflit et qu'il était à espérer que ces deux grandes puissances s'entendraient sur les réformes à opérer en Italie.

L'Angleterre protestante désire avant tout la fin de l'occupation des Etats romains par les troupes françaises et autrichiennes, le pouvoir temporel du Pape diminué, les libertés constitutionnelles accordées aux Romains. L'expérience de 1848 n'a éclairé personne ; au train dont vont les choses nous aurons encore la révolution en Italie.

Le journal *La Patrie* vantait hier la part faite au Pape par la brochure La Guéronnière qui ne contente personne. Le Pape, président de la Confédération italienne, élevé en honneur, mais d'un autre côté diminué en puissance. Ceci me rappelait le clergé de France au commencement de la révolution comblé de louanges à mesure qu'on le dépouillait et finalement proscrit.

Le Pape, président de la Confédération italienne, serait le prisonnier des princes italiens ; donnez-lui le régime parlementaire ; il sera le jouet de son peuple.

Pour le moment, nous sommes à la paix.

Le discours de Lord Derby a surtout rassuré la Bourse et les esprits faciles à rassurer.

En voici quelques extraits :

« Toutefois, Mylord, on ne saurait nier qu'il ne se « rencontre dans l'attitude de plus d'un Etat de l'Europe « des circonstances de nature à inspirer certaines appré« hensions. La situation de l'Italie est un danger constant « pour la paix de l'Europe. Comme mon noble ami, je « constate l'impossibilité de la réalisation du rêve enthou« siaste de l'unité italienne qui en tout temps et sous « toutes les formes a été constamment un rêve irréalisable « parce que ce n'est pas tant l'oppression étrangère que « la discorde intestine entre les Italiens eux-mêmes qui « constitue cette impossibilité.

. . . .

« Les provinces lombardes n'ont que peu à se plaindre « de leur gouvernement, surtout depuis les dernières « années, les Autrichiens ayant travaillé sans relâche à « l'amélioration de la condition du pays.

. . . .

« Que la domination de l'Autriche en Italie s'exerce « sagement ou non, qu'elle soit sévère ou douce, prudente « ou téméraire, cela ne nous regarde pas. En vertu de la « longue possession, en vertu de la foi des traités (dont la vio- « lation produirait un mal incalculable pour la paix de l'Eu « rope). En vertu de tous ces titres, l'Autriche détient depuis « longtemps ses provinces italiennes et nous pas plus qu'au- « cun de ses voisins n'avons le droit sous aucun prétexte « quelconque de chercher à la dépouiller de sa possession.

« Mais ce n'est pas à Naples, ce n'est pas en Lom- « bardie qu'il faut chercher la principale source d'alarme « et d'anxiété ; c'est la partie centrale de l'Italie, la partie « soumise à la juridiction temporelle du chef spirituel de « l'Eglise catholique romaine qui est la véritable source « du mal. La présence de deux armées étrangères n'est « pas faite pour servir la cause de la liberté ou de l'ordre « en Italie.

. . . .

« Les paroles sorties des lèvres du roi de Sardaigne « ont eu naturellement une grande portée, j'espère encore « que la Sardaigne sera mieux avisée.

. . . .

« J'espère que l'Empereur des Français persistera dans « la marche sage, prudente et loyale qu'il a constamment « suivie.

« Nous lui avons représenté sérieusement l'importance « d'avoir la plus grande patience dans le différent qui « existe entre lui et l'Autriche et par-dessus tout nous lui « avons représenté l'importance de ne pas laisser la Sar- « daigne compter sur son appui dans le cas où elle s'en- « gagerait dans une guerre agressive et nous avons reçu « l'assurance que tant que l'Autriche restera dans ses « limites la Sardaigne n'a pas à attendre une assistance « quelconque de la part de la France (applaudissements).

. . . .

« Quant à la marche que nous aurions à suivre, si la « guerre éclatait, la voici :

« Nous ne sommes liés ni par des obligations, ni par « des engagements, ni par des traités, ni par des intelli- « gences ; mais nous demeurons libres d'adopter le parti « que l'intérêt, l'honneur et le devoir de l'Angleterre nous « paraîtront exiger (bruyants applaudissements).

« J'ajoute en terminant une chose qui doit contribuer « puissamment au maintien de la paix, c'est précisément « l'unanimité d'opinion que je me plais à constater dans « cette Chambre. » (Applaudissements prolongés.)

Nous sommes faciles à contenter et à rassurer en France. Quant on a lu *Napoléon III et l'Italie* et qu'on sait que cette brochure est la manifestation de la pensée de l'Empereur, on arrive à ceci : ou bien nous opérerons une reculade, ou bien nous agirons privés de cette *belle* alliance de l'Angleterre qui nous laisse toujours sans appui, lorsque nous réclamons le sien. L'Angleterre arme, mais pour profiter s'il y a lieu du conflit que l'on redoute.

La *Gazette Autrichienne* termine par les lignes suivantes un article intitulé : *La guerre ou la paix.*

« Tant qu'on ne nous fera pas de demandes déshono-
« rantes, la paix sera possible. La crise n'est encore qu'à
« son commencement ; elle viendra quand on voudra savoir
« réellement pour quelle raison et pour quel objet on se
« dispute. Si l'on nous demande ce qui est juste et équi-
« table, la paix sera maintenue. Mais si l'on nous demande
« de renoncer au droit d'avoir une volonté propre et d'être
« maître chez nous, nous repousserons ce qu'aucun homme
« d'honneur ne saurait concéder. Nous défendrons notre
« peau. C'est notre droit et notre devoir. Nous en avons
« les moyens.

« L'Autriche prend ses précautions à l'avance, lui en
« vouloir, c'est montrer qu'on est déraisonnable et hostile.
« On pousse des cris de guerre de l'autre côté du Tessin
« on achète de tous côtés des chevaux ; l'Autriche répond
« par une défense d'exporter les chevaux vers le pays où
« retentit le bruit de guerre. Elle n'a pas besoin d'aug-
« menter les ressources militaires de ses ennemis, d'affaiblir
« ses propres forces. »

Demain, nous aurons le discours que prononcera l'Empereur Napoléon à l'ouverture de la session de 1859.

LUNDI 7 FÉVRIER.

Je vais me rendre à l'ouverture des Chambres législatives.

J'apprends de source certaine que la reine d'Angleterre a écrit à l'Empereur d'une manière très pressante, pour le supplier d'abandonner toute idée de guerre dans la question italienne et pour l'engager à considérer le besoin de paix qu'éprouve l'Europe, l'unanimité qui s'est déclarée dans le Parlement anglais pour une politique opposée à la guerre et l'appui donné par Lord Palmerston lui-même au ministre Derby. Enfin lui a-t-elle dit, un congrès conviendrait mieux que la guerre aux affaires de l'Italie.

L'Empereur a réfléchi, il a pris en considération cette lettre, l'opposition de ses ministres, de Persigny qui s'était montré très vif, de Morny, de Fleury qui lui a dit :

« Sire, comme militaire j'aime la guerre, mais en cette « circonstance je supplie votre Majesté de voir combien « elle serait contraire aux intérêts de la France et de « votre dynastie. »

L'Empereur, après avoir réfléchi, est revenu de ses velléités belliqueuses, il s'est rendu à de si sages conseils.

Il avait fait sa petite conspiration seul en cachette avec cet intrigant de Cavour, voilà où l'entraînait le Piémont.

Le nonce du Pape dînait, il y a deux jours, à côté de la Princesse Mathilde au château, il lui a dit :

« Je ne sais pas pourquoi on porterait en Italie une « guerre qui ne serait profitable qu'aux révolutionnaires, « on connaît mal ici, la cour de Rome, nous ne sommes « point opposés à une constitution et le Saint-Père la « donnerait volontiers en se concertant avec les puissances. « Quant à l'Autriche, elle abandonnerait aussi volontiers « la Lombardie, si on lui donnait une compensation dans « les provinces danubiennes. »

La Princesse a demandé au nonce s'il parlait d'une manière positive, et le nonce lui a affirmé que rien n'était plus sérieux. Alors la Princesse a fait connaître cette conversation à l'Empereur.

2 heures.

L'Empereur vient de prononcer un magnifique discours très ferme, très digne; j'en reparlerai; il l'a prononcé avec émotion; ce discours est à la hauteur de la situation, très proche de la conciliation, mais sans faiblesse.

En rentrant aux Tuileries, il a demandé un bouillon et il a dit à la Princesse Mathilde:

« Je n'ai rien mangé depuis hier.... ce soir je dor- « mirai. »

11 heures du soir.

Le discours est très beau, mais il ne rassure personne, et quoiqu'en dise l'Empereur, le pays a besoin d'être rassuré, il a beau dire:

« Loin de nous ces fausses alarmes, ces défiances in- « justes, ces défaillances intéressées. »

Les alarmes existent, les défiances ne sont pas injustes puisque les puissances amies comme l'Angleterre les ressentent, et si les défaillances sont intéressées, qu'y a-t-il d'étonnant?

La péroraison est d'un magnifique langage:

« Lorsque soutenu par le vœu et le sentiment popu- « laires on monte les dégrès d'un trône, on s'élève par la « plus grave des responsabilités au-dessus de la région « infinie où se débattent les intérêts vulgaires et l'on a « pour premier mobile comme pour derniers juges: Dieu « sa conscience et la postérité. »

Tout cela est beau, mais c'est de la haute poésie. Quand on vient à la réalité, on se sent ému à la pensée d'une guerre qui remettrait notre tranquillité en question; la question italienne touche moins en la pesant dans la balance des intérêts français; elle pèse surtout d'un poids moins lourd et puis on se demande: est-on bien certain de venir au secours d'un peuple, ou ne sert-on que des ambitions? réveille-t-on une nationalité, ou travaille-t-on au profit d'une secte révolutionnaire?

Et lorsque l'Empereur dit:

« Heureusement la masse du peuple est loin de subir « de pareilles impressions! »

Il se trompe, le peuple a peur de risquer son bien être actuel dans les chances d'une guerre; le peuple est propriétaire, il est actionnaire, il a des fonds sur la rente dans les caisses d'épargne, il est industriel, il est ouvrier, il a peur de la dépréciation des fonds et des valeurs industrielles, il a peur du rabais des salaires. Il a peur de nouveaux impôts. Il sait que si le budget s'équilibre, c'est au moyen de 1,100,000,000 francs d'impôts indirects qu'une guerre réduirait dans de notables proportions tout en accroissant le chiffre du budget.

On parle de la retraite de Walewski, de Rouher et de Magne, on parle aussi du retour à Londres de Persigny.

Il va être demandé à la Chambre des députés un apanage de 1,000,000 de francs de rente pour le prince Napoléon. Son mariage va devenir impopulaire.

Baroche a dit au conseiller d'Etat Villemain que le roi de Piémont avait exigé du prince Napoléon et de sa fille la promesse formelle qu'aucune relation ne s'établirait entre eux avant que les 16 ans de la princesse ne soient accomplis, c'est donc dans les premiers jours de mars que le mariage sera consommé.

En attendant, la princesse Clotilde est toujours sous l'aile de sa gouvernante, Madame de Villamarina.*)

MARDI 8 FÉVRIER.

Jeanron sort de chez moi et nous avons longuement causé ensemble d'E. Soulié, conservateur adjoint du Musée de Versailles. Jeanron le considère comme une canaille capable de tout: Un jour m'a-t-il dit:

« Soulié qui ne trouvait ni Cavaignac, ni Ledru-Rollin « assez prononcés en républicanisme, m'accusa en présence « d'autres employés avec lesquels nous dînions au Louvre « un jour de trouble, de n'être pas républicain; je lui « répondis en présence de tout le monde: *si je ne savais « pas que mon action ne me ferait courir aucun risque, « je vous aurais déjà souffleté;* vous êtes un malheureux, « et quand on a mangé le pain du roi comme vous l'avez « mangé, on se tient plus réservé. »

Jeanron m'a dit encore que pendant les journées de juin, comme on menaçait d'enfoncer les portes du Louvre, il voulut aller vers le bruit et la menace, mais il y alla seul, car Messieurs Villot, Longpérier et Soulié refusèrent de l'y accompagner.

Enfin Jeanron ajoute:

*) Baroche a répandu comme un badaud un canard stupide, le mariage a été consommé à Gênes.

« Si jamais une révolution venait renverser l'ordre de « choses existant, si jamais à ce que Dieu ne plaise, la « guillotine pouvait reparaître, souvenez-vous d'un aver- « tissement que je vous donne; Soulié sera en tête des Trico- « teuses qui accableraient de leurs malédictions, la Prin- « cesse Mathilde, Nieuwerkerke et vous qu'on y mènerait. »

JEUDI 10 FÉVRIER.

Les dames de la princesse Clotilde sont nommées:

Dame d'honneur : Madame Ed. Thayer.

Dames pour accompagner: Mesdames de Clermont Tonnerre, de La Roncière, vicomtesse Bertrand.

Flamarens avait accepté d'être chevalier d'honneur, il avait même remercié l'Empereur et l'Impératrice; mais sa famille lui a signifié qu'elle cesserait de le voir s'il entrait dans la maison du prince Napoléon, et Flamarens est venu retirer ses remerciements.

On est peu content de lui au château, car c'est un sot camouflet qu'il donne.

Il a paru une carte de l'Europe parfaitement gravée qui indique un remaniement complet de l'Europe. Cette carte fait du bruit; j'y reviendrai.

Girardin publie aujourd'hui une réponse à la brochure de La Guéronnière sous ce titre: *La guerre.*

Deux Italiens ont été arrêtés, il y a quatre jours, sur la place Napoléon armés d'un revolver et d'une bombe fulminante. Ils attendaient l'Empereur. L'un d'eux s'est suicidé à Mazas après avoir fait des révélations.

DIMANCHE 13 FÉVRIER.

Hier, au Conseil des ministres, le prince Napoléon a eu avec le comte Walewski une très vive altercation à propos des affaires d'Italie.

Mme la duchesse de Dino a eu parmi ses nombreux amants un Monsieur Montgomery qui depuis a épousé Mlle de Portes.

Pour empêcher ce mariage, Mme de Dino avait envoyé aux divers journaux une lettre signée du frère de M. Montgomery pour détruire les prétentions nobiliaires de la famille et expliquer qu'elle avait pour auteur assez récent un épicier.

Or cette lettre était fausse et lorsque le frère Montgomery en connut l'existence, il porta plainte et poursuivit l'affaire. L'instruction a établi que la lettre est de l'écriture de Mme de Dino.

On veut assoupir la chose, mais le Montgomery s'y refuse, et nous verrons la duchesse de Dino poursuivie comme faussaire !

La brochure de Girardin conclut à ceci : une guerre contre la Prusse et l'Angleterre est préférable à une guerre contre l'Autriche.

MARDI 15 FÉVRIER.

Une Madame Lecointre, amie de Morel Fatio, lui a raconté avant-hier en dînant chez lui, qu'elle a en Bourgogne un parent fanatique de Lamartine. Ce parent a orné sa maison de tous les portraits du *grand homme* qu'il a pu se procurer, et sa bibliothèque de toutes les éditions des œuvres du poëte historien, puis enfin il a éprouvé le besoin de verser cinq francs à la souscription ouverte par ce nouveau Bélisaire, et il a chargé Mme Lecointre de les porter au bureau du passage de l'Opéra. Mme Lecointre s'y est rendue ces jours derniers et elle n'a pas été peu surprise de voir dans le fond de la Chambre le grand Lamartine lui-même vêtu comme un pauvre et présidént à la réception des *oboles*. Mme Lecointre connaît Lamartine, et elle se trouva fort embarrassée de verser devant lui la modique somme de cinq francs; elle allait et venait par le bureau n'osant sortir cet argent de sa poche. Lamartine comprit son embarras et sortit pour quelques moments dans le Passage. La pièce de cinq francs fut alors enrégistrée et le nouveau Chodruc Duclos revint palper le denier de l'*enthousiasme*.

L'histoire racontée par Baroche sur le retard apporté à la consommation du mariage du prince Napoléon est fausse: je tiens de *très bonne source* que cette consommation a été effectuée à Gênes.

Les incertitudes à propos de la guerre continuent, mais nous avons des bals costumés. Fould en donne un le 28 et l'on parle pour le 7 mars d'une autre mascarade à laquelle on sera invité par Mme de Bassano et qui aurait lieu à l'Hôtel d'Albe. Le nouveau duc Tascher de la Pagerie en donnerait une aussi.

VENDREDI 18 FÉVRIER.

La conférence se réunit de nouveau à Paris pour régler les affaires des Provinces Danubiennes et la navigation du Danube. Le *Moniteur* l'annonce. Sera-t-il question de l'Italie ? on l'ignore.

Les ministres ne peuvent marcher avec le prince Napoléon qui est décidément un homme impossible on s'étonne de plus en plus de voir l'Empereur lui concéder quelqu'influence.

Fould, Walewski et le ministre de la marine veulent se retirer déclarant ne pouvoir marcher avec le prince Napoléon ! A quoi tout cela aboutira-t-il ? Le prince n'a aucun parti, aucune sympathie, on ne l'aime pas et on le surveille. L'Empereur n'a pas de plus grand ennemi que lui.

Emile Deschamps par un honnête mouvement d'ancienne affection voulut dernièrement porter quinze francs à la souscription Lamartine et croyant le bureau de souscription ouvert dans les bureaux mêmes du journal de Lamartine, il se rendit rue de la Ville l'Evèque. En entrant il se trouva en présence du poête qu'il n'avait pas vu depuis des années.

Quoi, c'est vous, mon cher Emile, s'écria l'auteur des *Méditations;* vous venez me demander à dîner, je ne vous quitte pas de la journée... ces dames voulaient faire une promenade au bois, vous serez des nôtres.

Lamartine sonna; un groom parut, il lui ordonna d'atteler deux voitures.

Emile Deschamps ébahi renfonça les quinze francs dans sa poche et ne pensa plus à les déposer dans le casque de Bélisaire.

Lamartine a formé une demande pour obtenir de la ville de Paris une concession semblable à celle faite à Rossini dans les terrains du Bois de Boulogne, il veut y bâtir une villa.

JEUDI 24 FÉVRIER.

Le sénat a été saisi de la proposition d'allouer huit cent mille francs au prince Napoléon pour les frais de son mariage. Mr le général de Castelbajac a proposé pour amendement de dire :

« Il sera remis huit cent mille francs à l'Empereur « pour les frais du mariage du prince Napoléon. »

L'amendement allait passer à une presque unanimité; l'Empereur consulté en avait adopté la teneur, lorsqu'on s'est avisé qu'un tel amendement était un vote de méfiance contre le prince et les sénateurs ont appris que l'Empereur désirait qu'il ne fût pas adopté.

L'auteur a persité, une discussion s'en est suivie, et plusieurs sénateurs ont mis carrément les pieds dans le plat, ils ont dit, entre autres Castelbajac qui a été interrompu par le Président :

« Qu'autant il avait de confiance en la politique de « l'Empereur, autant il avait de méfiance envers le prince « Napoléon et qu'il le regardait comme hostile à l'Em- « pereur, etc. etc. »

On est allé aux voix, l'amendement a été repoussé. mais il a eu trente et quelques voix. À la Chambre des députés la commission du budget fait de grandes difficultés pour admettre les frais occasionnés par le ministère de l'Algérie et des Colonies. On s'obstine en haut lieu à vouloir mettre à toutes sauces le prince Napoléon, on parle d'en faire un grand amiral ! C'est et ce sera toujours un homme déconsidéré, la France n'en veut pas, remettez-le donc au magasin. Une augmentation de dotation est aussi proprosée pour le prince Napoléon, et à ce sujet la Princesse Mathilde a eu une conversation très vive avec l'Empereur, elle lui a dit :

« Vous ne savez donc pas que Napoléon est votre « ennemi le plus acharné, vous ignorez donc ce qui se « dit chez lui ? Napoléon s'exprime tout haut entre ses « intimes de la façon la plus factieuse. Enfin, dit-il, je « crois ma position bonne, je suis en mesure et s'il « arrivait malheur à l'Empereur, ce ne serait certes pas « cette niaise d'Impératrice où ce bambin de Prince Im- « périal qu'on irait chercher ! »

Bixio a dit aussi : « nous triomphons sur toute la « ligne ».

L'Empereur n'a pas paru étonné, mais réfléchi.

LUNDI 28 FÉVRIER.

J'ai dîné aujourd'hui chez la Princesse Mathilde et j'ai longuement causé avec elle de son frère. Je ne lui ai pas caché que loin de faire des progrès dans l'affection des français, il devenait de plus en plus antipathique à tout le monde.

« Hélas, m'a répondu la Princesse, je le sais bien « c'est un être impossible et Franconnière lui-même, son « aide-de-camp, commence à être révolté. Vous ne pour- « riez vous imaginer comment il traite sa pauvre femme, « comment et avec quelle brusquerie il lui parle. Enfin, « hier aux Tuileries, voyant qu'elle prenait plaisir à « danser, il l'a emmenée avant onze heures, et lorsque « j'ai voulu lui faire une observation, il m'a répondu : « chez moi, où je m'amuse, je vais me coucher à onze « heures, il m'est donc bien permis de m'en aller d'ici « où je m'embête, à la même heure. »

« Sa jeune femme est encore dans la stupéfaction de « ses allures; il ne veut pas déjeûner avec elle, et ne la « voit pas de la journée. Il lui a défendu de venir le « trouver, et si elle a quelque chose à lui dire, il faut « qu'elle lui écrive.

« Mme de la Roncière, une de ses dames, loge au « Palais Royal et doit décacheter toutes ses lettres. Le « Prince a donné pour femme de chambre à sa femme « une ancienne femme de chambre de Mme de Saulcy, « renvoyée pour inconduite, renvoyée également de chez

« Mme de Girardin, parcequ'elle couchait avec Girardin; « cette soubrette a été placée par Girardin. »

L'Empereur s'est enquis de l'emploi de l'argent destiné à la corbeille et quand il a su que l'Impératrice et la Princesse Mathilde avaient employé jusqu'au dernier sou. « A la bonne heure, a-t-il dit, car Napoléon « eût été capable de lésiner, il ne s'est marié que pour « avoir un supplément de dotation. »

Le prince passe ses journées entre Girardin et Bixio, et sa méchante humeur, sa grossièreté et ses mauvaises intentions augmentent chaque jour. Dans le monde on dit qu'il est déjà retourné chez son ancienne maîtresse, il n'y aurait rien de très impossible; en parlant de sa femme il dit: « Je ne suis pas habitué à coucher avec « des femmes qui ont des chemises d'une toile si grosse. »

MARDI 8 MARS.

Hier petit bal au château, peu nombreux, choisi et costumé, il a été charmant. On y parlait beaucoup de la démission donnée par le prince Napoléon de ses fonctions de ministre, et on s'en félicitait. Le *Moniteur* annonce ce matin que l'intérim du ministère sera fait par M. Rouher. Plus que toutes les notes pacifiques du *Moniteur*, cette démission est un gage de paix.

MINUIT.

J'ai dîné ce soir chez la Princesse Mathilde, il n'y avait à ce dîner que la Princesse, sa vieille lectrice la baronne de Fly et moi. Nous avons beaucoup causé de l'Empereur, du prince Napoléon et de la situation.

Le prince intriguait avec Monsieur de Cavour, et mettait les forces de la France à la remorque des velléités ambitieuses du Piémont; il espérait un bouleversement sortant d'une guerre et poussait à la guerre par tous les moyens; avec lui il n'était pas possible d'arranger diplomatiquement les choses, et Dieu merci les nouvelles reçues de Vienne font espérer qu'elles se concilieront sans guerre pour le moment.

Le prince avait voulu qu'on fit soulever la Hongrie en envoyant de ce côté 50,000 hommes, il conseillait de marcher en avant malgré toute l'Europe!

Méprisé et redouté il n'a de parti que parmi les anarchistes; le télégraphe électrique nous apprend aujourd'hui que la seule nouvelle de sa sortie du ministère a fait hausser les fonds autrichiens à la Bourse de Vienne de 8 %.

Le prince Napoléon ambitionne aujourd'hui le titre de grand amiral!

Les Italiens et Cavour sont en baisse, on commence à voir dans les hautes régions qu'il n'y a pas un peuple organisable en Italie.

Le prince Napoléon, aussi mauvais mari que mauvais cousin, n'a pas rompu ses relations avec Anna Deslions; tout Paris en parle. Il court un jeu de mot sur cet *aimable* prince.

Quelle ressemblance, demande-t-on entre lui et un chapon? Un chapon est un *coq impuissant,* le prince est un *coquin puissant.*

Madame Walewska et l'Empereur s'affichaient hier soir mutuellement; leurs causeries étaient remarquées. L'Empereur est resté jusqu'à 6 heures du matin, et il a dansé le cotillon avec la comtesse, ce qui ne l'a pas empêché de coquetter avec Madame Gréville.

Au premier souper, l'Empereur était assis entre la princesse Marie de Baden et Madame Walewska.

La princesse Marie a entendu la comtesse Walewska faire une scène de jalousie à l'Empereur à propos de Madame Gréville, elle le tutoyait!

L'Impératrice avait prêté une partie de ses bijoux à Madame Walewska et à Madame de la Bédollière, autre sultane, mais en retraite, et qui a su se mettre bien avec la sultane régnante et conserver une sorte d'intimité avec l'Empereur.

Malheureusement l'Empereur aime trop le *cotillon* et ne cache pas assez ses préférences. Jeudi dernier, dans une petite soirée aux Tuileries où il y avait au plus quarante personnes, l'Empereur a passé deux heures avec deux danseurs de l'Opéra à composer les figures du cotillon d'hier.

MERCREDI 23 MARS.

Les alternatives de guerre ou de paix se succèdent avec une telle rapidité, et il est si difficile d'entrevoir la solution du différent entre la France et l'Autriche que j'hésite la plupart du temps à consigner sur mon livre les fluctuations de l'opinion publique. Aujourd'hui le

Moniteur parle officiellement et je vais rapporter la note qu'il insère dans ses colonnes.

« La Russie a proposé la réunion d'un congrès en vue de prévenir les complications que l'état de l'Italie pourrait faire surgir et qui seraient de nature à troubler le repos de l'Europe.

« Ce congrès composé de plénipotentiaires de la France, de l'Autriche, de l'Angleterre, de la Prusse et de la Russie, se réunirait dans une ville neutre.

« Le gouvernement de l'Empereur a adhéré à la proposition du cabinet de St-Pétersbourg. Les cabinets de Londres, de Vienne et de Berlin n'ont pas encore répondu officiellement. »

Dieu veuille que leur réponse soit favorable et que nous puissions nous dégager de la guerre à propos de l'Italie, ainsi que du fardeau de l'ambition Sarde !

Le maréchal Vaillant racontait ces jours-ci à la baronne de Serlay, dame d'honneur de la Princesse Mathilde, l'anecdote suivante. (Il n'est pas inutile de savoir que le maréchal fort peu jeune et d'un embonpoint fort avachi a encore de grandes prétentions amoureuses.)

« Une de mes fonctions, ou plutôt ma fonction la plus pénible, disait le maréchal, est l'obligation de faire signer par l'Empereur, les condamnations à mort prononcées par les conseils de guerre; je ne saurais vous rendre compte de l'impression douloureuse que me fait éprouver la nécessité de rendre définitive une condamnation à mort; il me semble que j'abdique mes fonctions pour remplir les fonctions implacables de la troisième Parque.

« Cependant j'eus, il y a peu de temps, à faire confirmer la sentence rendue en Afrique contre un soldat amoureux de la maîtresse de son officier et qui jaloux des faveurs accordées par cette femme à son amant, prit le parti de l'assassiner.

« La longue préméditation de l'assassin, son cynisme pendant les débats de son procès m'avaient endurci le cœur et j'arrivai sans émotion dans le cabinet de l'Empereur qui prit le dossier et après l'avoir examiné, me dit: *C'est un meurtre par jalousie!* — Oui, Sire, répondis-je, mais un meurtre froidement prémédité. L'Empereur parut se livrer à ses réflexions l'espace de quelques secondes, puis il me demanda doucement: *N'avez-vous jamais été jaloux, maréchal?* — Si je l'ai été, Sire, oui, j'ai été jaloux comme Othello! Un jour, je suis accouru du fond du faubourg St-Germain jusque dans la Chaussée d'Antin, armé d'un long couteau de cuisine pour tuer une infidèle.

« L'Empereur me regardait d'un air stupéfait, il s'écria par deux fois: vous!... vous!... puis après un instant de silence, il me rendit le dossier du condamné en me disant: *je lui fais grâce.* »

SAMEDI 26 MARS.

Le vicomte de Beaumont Vassy, ancien préfet, auteur de *L'histoire de mon temps*, est en prison pour l'affaire de faux la plus grave.

Cet homme qui jouit de cinquante mille francs de rentes a fondé une société à laquelle il a voulu persuader que le ministre de la guerre concédait le privilége de la fourniture des salpêtres; il a donc réuni ses actionnaires et il a fait comparaître un faux aide de camp du ministre porteur d'un faux ordre de concession.

Les actionnaires convaincus lui ont sur sa demande octroyé une somme de 60,000 francs destinée, a-t-il dit à des pots de vin.

Beaumont Vassy a mis les 60,000 francs dans sa poche, puis enfin l'affaire a été découverte, il est arrêté. Beaumont a toujours été un vaniteux et un sot ambitieux, mais personne ne comprend son crime.

DIMANCHE 3 AVRIL.

Mon livre sur la reine Marie-Antoinette a paru, j'en ai fait remettre un exemplaire à l'Impératrice, et le jour même j'ai reçu la lettre suivante :

Mon cher comte,

J'ai remis votre charmant livre à S. M. l'Impératrice et m'empresse de vous remercier en son nom de l'aimable attention que vous avez eue.

Permettez-moi de joindre à toutes les choses grâcieuses que je suis chargé de vous dire, l'expression de mon affection toute particulière et de mes sentiments les plus distingués.

Duc Tascher la Pagerie,
premier chambellan.

Depuis la réception de cette lettre, l'Impératrice a lu mon livre, et hier le grand chambellan de l'Empereur m'a fait envoyer une invitation de dîner aux Tuileries pour mercredi prochain. Ni l'Empereur, ni l'Impératrice ne sont donc mécontents de mon travail.

Le fils d'A. Fould, celui qui s'est enfui à Londres avec Valérie (des Français), a fait paraître en Angleterre un livre infâme contre toute sa famille; il accuse son père et ses oncles d'être des voleurs et des vieux libertins; il les traîne dans la fange. Ce livre est à sa quatrième édition.

Toutes les puissances veulent la paix à l'exception du Piémont qui fait tout au monde pour rendre la guerre inévitable et de l'Empereur des Français qui ne serait pas autrement contrarié d'y être contraint.

Le Ministère anglais s'est trouvé battu par 39 voix dans la question du bill de réforme; s'il se retire après cet échec, les questions de paix ou de guerre peuvent changer de face.

Nous augmentons sans bruit nos dix divisions sur pied de guerre; les régiments d'Afrique (cavalerie) arrivent tous montés, entre autres les trois régiments de chasseurs d'Afrique, et les régiments qui vont les remplacer laissent leurs chevaux en France.

Hier, la route ferrée de Lyon était encombrée de trucs chargés de canons.

SAMEDI 16 AVRIL.

Toujours même incertitude; y aura-t-il ou n'y aura-t-il pas de congrès à propos de l'Italie?

L'Autriche se montre difficile, la question s'envenime, et le Piémont continue à faire ce qu'il peut pour tout brouiller.

L'opinion en France est inquiète, la guerre n'a pas beaucoup de partisans, le commerce souffre, et les amis mêmes de l'Empereur se divisent. Je ne sais si par la guerre nous travaillons au bonheur de l'Italie, à l'amélioration du sort de ses populations, mais nous travaillons bien plus sûrement pour la révolution, tous les sophismes ne détruiront pas cette vérité.

L'Empereur ne serait pas mécontent d'une guerre; il est dévoré du désir de faire mouvoir une armée.

Pour moi, je crains deux choses si la guerre a lieu, le succès et les revers: le succès entraînera, les revers précipiteront ! La France n'a besoin ni d'être entraînée, ni d'être précipitée; elle a besoin de la paix, et quoiqu'on se soit élevé contre la satisfaction des intérets matériels, il faut avant tout qu'ils soient satisfaits. On ne peut attendre ni amélioration, ni progrès d'un peuple qui souffre.

Beaumont Vassy a été condamné pour escroquerie à deux ans de prison et dix ans d'interdiction des droits civils.

Le tour de M. Haussmann, je le crains, n'arrivera jamais.

On poursuit les courtiers marrons de la Bourse sur la plainte des agents de change; on a saisi leurs régistres, mais comme ces régistres prouvent que la cour, les hommes d'Etat, les agents de change eux-mêmes sont intéressés dans leurs affaires, la poursuite n'aura pas de résultat.

Morny a fait dire à l'un de ces courtiers d'être sans inquiétude. Et voilà comme l'égalité devant la loi est comprise !

VENDREDI 22 AVRIL.

Nous aurons décidément la guerre, l'Autriche refuse le désarmement général proposé par l'Angleterre, la Russie et la Prusse, accepté par la France.

L'ordre est aussitôt parti de Paris au reçu de cette nouvelle et de la nouvelle encore plus menaçante d'un ultimatum signifié par l'Autriche au Piémont d'avoir à désarmer sous trois jours, à la division Trochu d'entrer en Savoie.

Canrobert prend le commandement du premier corps d'armée, le maréchal Malakof revient de Londres où il sera remplacé par Persigny, et le maréchal Magnan partira avec l'Empereur, car l'Empereur commandera en chef.

Hier, la princesse Clotilde a dit chez le prince Jérôme:

« Nous devons tous déplorer de voir l'Empereur s'é-
« loigner de Paris et laisser si jeune, si enfant le Prince
« Impérial dans une position aussi critique. L'éloignement
« de l'Empereur est une chose malheureuse, mais vous, »
a-t-elle ajouté en s'adressant à son mari, « votre devoir
« vous appelle à l'armée, vous n'avez de place que là et
« vous devez partir promptement. »

Cette jeune princesse est pleine d'énergie, de courage et de bons sentiments; fasse le ciel que le prince Napoléon comprenne toute l'étendue de ses devoirs!

La Bourse a baissé hier de 1 franc 90 centimes sur les premiers bruits qu'elle a pu recueillir, que fera-t-elle demain?

Il est parti hier soir beaucoup de troupes par le chemin de fer de Lyon, il va en partir encore. D'ici à quelques jours, le premier choc aura lieu, nous n'avons plus qu'une prière à faire: Dieu protège la France et l'Empereur!

MARDI 26 AVRIL.

Ce matin à 6 heures, les zouaves de la garde en tenue de guerre passaient sous ma fenêtre partant pour le Piémont; à midi les grenadiers de la garde ont pris le même chemin, et il y a un moment, le comte Vimercati est venu m'embrasser avant de partir; le moment est grave et tout cela émeut profondément.

C'est aujourd'hui à cinq heures, c'est-à-dire dans deux heures qu'expire le délai fixé par l'Autriche au Piémont.

Le petit duc de Chartres qui sert dans l'armée piémontaise n'a pas voulu l'abandonner malgré les pressantes instances des meneurs orléanistes.

Le comte de Chambord quitte l'Autriche.

Il y a eu de singulières scènes au château entre le prince Murat et l'Empereur; ce prétendant au trône de Naples voulait suivre notre armée, puis ne pouvant l'obtenir, il a voulu pendant l'absence de l'Empereur avoir son entrée au Conseil des Ministres que présidera l'Impératrice, il ne l'a pas obtenue.

Le prince Napoléon est moins fanfaron de guerre, il voudrait être autorisé à rester pour se mêler de gouverner la France!

La princesse Clotilde commence, je crois, à connaître son noble époux... sur deux cent mille francs qui lui ont été accordés pour les diamants de la princesse, le prince Napoléon a dépensé soixante mille francs pour cet objet!... tout cela fait soulever le cœur.

Aujourd'hui, le gouvernement a demandé au corps législatif une levée supplémentaire de 40,000 hommes.

On ne rencontre qu'officiers partant ou se disposant à partir; l'Empereur lui-même part sous peu de jours, sa maison militaire a reçu hier l'ordre d'être prête dans le plus bref délai.

MERCREDI 27 AVRIL.

Un régiment de grenadiers de la garde impériale vient de passer sous ma fenêtre pour s'embarquer au chemin de fer de Lyon.

Le général Gesswiller prend le commandement de l'Algérie.

Un projet d'emprunt de 500 millions a été présenté hier au corps législatif.

JEUDI ET VENDREDI, 28 ET 29 AVRIL.

Le cabinet Tory de notre *bonne alliée* l'Angleterre, voyant la mauvaise situation de l'Autriche et l'opinion publique en Europe se déclarer contre elle pour la

France, a voulu nous servir un plat de son métier, elle a proposé à l'Autriche sa médiation *seule* et l'Autriche accepte, reste à savoir si la France acceptera et à quelles conditions?

L'Autriche opposée à un arbitrage des grandes puissances accepte l'Angleterre pour juge; j'ignore ce que pense l'Empereur de cette proposition, mais elle est mal accueillie en France.

Le grand-duc de Toscane a abdiqué devant l'insurrection de son armée. Le roi de Piémont est nommé dictateur de ce pays. Pendant la guerre, Parme et Modène feront, dit-on, une semblable révolution.

Depuis qu'il est question de guerre, il s'est révélé à la Chambre des députés une opposition encore honteuse qui ne se fait connaître que par des conciliabules et des rumeurs, des airs mystérieux et importants. Cette opposition d'environ 50 députés serait à surveiller.

SAMEDI 30 AVRIL.

L'armée autrichienne est entrée en Piémont, hier la nouvelle en est venue à Paris.

La France n'a pas accepté l'entremise et les *bons offices* de l'Angleterre. Elle voulait que l'Angleterre dans le cas où l'Autriche se refuserait à des propositions de conciliation, unit ses armes à celles de la France.

Malgré les beaux rapports faits à l'Empereur, nos troupes en Piémont manquent encore d'artillerie. Le général Lebœuf est parti pour chercher à remédier aux causes de ce retard.

L'Empereur part incessamment, car l'abbé Laine, l'aumônier de sa maison qui l'accompagne, a reçu l'ordre de se tenir prêt.

Le mouvement se propage en Italie, avant peu nous apprendrons de grands événements.

Ici l'on voit se dessiner les physionomies, suivant les espérances de chaque parti; beaucoup de gens comblés comme ralliés laissent entrevoir qu'ils sont seulement ralliés à la fortune; que la fortune périclite tant soit peu, mes ralliés se mettront en mesure de se rallier ailleurs. Tous les gouvernements commettent la faute de combler ces gens là qui ne les servent que dans les moments où les services sont faciles.

Les gouvernements nouveaux s'établissent par le dévouement des amis de leur cause et ils agissent pour le plus grand avantage de leurs ennemis.

DIMANCHE 1er MAI.

On parle de changement dans notre ministère. Morny prendrait, dit-on, le ministère de l'Intérieur.

Paris est sillonné par des bandes de soldats en congé qui rejoignent gaiement leurs drapeaux, ces soldats sont accompagnés jusqu'au point de réunion par leurs parents et leurs amis, et tout ce monde marche en chantant. Il y a beaucoup d'entrain.

Chez les orléanistes et chez les légitimistes enragés il y a fureur. M. Thiers est complètement autrichien, il tient les propos les plus hostiles.

Au Cercle Impérial j'ai entendu hier bien des gens réputés impérialistes, parler d'une manière équivoque. Ce sont des gens prêts à se transformer en frondeurs puis en ennemis.

Le gras La Rochejaquelein recommence ses manœuvres du temps de la campagne de Crimée; il fabrique des nouvelles et des plans de campagne qu'il confie sérieusement à tous ceux qui ne le connaissent pas et qui ont la bonhomie de l'écouter.

Hier il a pris le bras du comte de Flamarens et ces deux grands politiques se sont donnés le plaisir d'une conférence particulière. Ils peuvent se regarder sans rire! ils sont plus forts que je ne croyais.

MERCREDI 4 MAI.

Le *Moniteur* publiait hier la proclamation suivante:

L'Empereur au peuple français,

Français!

« L'Autriche en faisant entrer son armée sur le territoire du roi de Sardaigne, notre allié, nous déclare la guerre. Elle viole ainsi les traités, la justice et menace nos frontières. Toutes les grandes puissances ont protesté contre cette agression. Le Piémont ayant accepté les conditions qui devaient assurer la paix, on se demande quelle peut être la raison de cette invasion sou-

« daine? C'est que l'Autriche a amené les choses à cette « extrémité qu'il faut qu'elle domine jusqu'aux Alpes, ou « que l'Italie soit libre jusqu'à l'Adriatique, car dans ce « pays tout coin de terre demeuré indépendant est un « danger pour son pouvoir.

« Jusqu'ici la modération a été la règle de ma con- « duite, maintenant l'énergie devient mon premier devoir.

« Que la France s'arme et dise résolument à l'Europe: « je ne veux pas de conquête, mais je veux maintenir sans « faiblesse ma politique nationale et traditionnelle; j'ob- « serve les traités à condition qu'on ne les violera pas « contre moi, je respecte le territoire et les droits des « puissances neutres, mais j'avoue hautement ma sympa- « thie pour un peuple dont l'histoire se confond avec la « nôtre et qui gémit sous l'oppression étrangère.

« La France a montré sa haine contre l'anarchie, elle « a voulu me donner un pouvoir assez fort pour réduire « à l'impuissance les fauteurs de désordre et les hommes « incorrigibles de ces anciens partis qu'on voit sans cesse « pactiser avec nos ennemis; mais elle n'a pas pour cela « abdiqué son rôle civilisateur; ses alliés naturels ont « toujours été ceux qui veulent l'amélioration de l'huma- « nité, et quand elle tire l'épée, ce n'est point pour do- « miner mais pour affranchir.

« Le but de cette guerre est donc de rendre l'Italie « à elle-même et non de la faire changer de maître, et « nous aurons à nos frontières un peuple uni qui nous « devra son indépendance.

« Nous n'allons pas en Italie fomenter le désordre ni « ébranler le pouvoir du Saint-Père que nous avons re-

« placé sur son trône, mais le soustraire à cette pression « étrangère qui s'appesantit sur toute la péninsule, con- « tribuer à y fonder l'ordre sur des intérêts légitimes « satisfaits.

« Nous allons enfin sur cette terre classique illustrée « par tant de victoires, retrouver les traces de nos pères; « Dieu fasse que nous soyons dignes d'eux.

« Je vais bientôt me mettre à la tête de l'armée, je « laisse en France l'Impératrice et mon fils; secondée par « l'expérience et les lumières du dernier frère de l'Em- « pereur, elle saura se montrer à la hauteur de sa « mission.

« Je les confie à la valeur de l'armée qui reste en « France pour veiller sur nos frontières comme pour pro- « téger le foyer domestique; je les confie au patriotisme « de la garde nationale; je les confie enfin au peuple en- « tier qui les entourera de cet amour et de ce dévoue- « ment dont je reçois chaque jour tant de preuves.

« Courage donc, et union, notre pays va encore mon- « trer au monde qu'il n'a pas dégénéré. La Providence « bénira mes efforts, car elle est sainte aux yeux de Dieu, « la cause qui s'appuie sur la justice, l'humanité, l'amour « de la patrie et l'indépendance.

« Palais des Tuileries, le 3 mai 1859.

« Napoléon. »

Toutes ces proclamations, beaux tournois de langage, ne disent jamais toute la vérité.

L'Autriche avait bien quelques raisons d'attaquer le Piémont qui cherche par tous les moyens *l'affranchissement* de l'Italie au profit de l'augmentation de sa puissance. Le Piémont a conspiré en Italie contre l'Autriche, l'avenir nous apprendra si la France agit sagement en créant le Piémont grande puissance.

Le général Klapka est parti pour soulever la Hongrie.

Il n'y a encore que de légères escarmouches entre les Autrichiens et les Piémontais.

VENDREDI 6 MAI.

Les Français et les Piémontais occupent en force les hauteurs qui dominent près d'Alexandrie la vallée de la Sesia. Les Autrichiens qui avaient passé le Pô ne se trouvaient plus qu'à deux lieues de cette position, mais ils ont été forcés par les inondations de rétrograder et de repasser le Pô.

L'Empereur ne partira, je crois, que mercredi prochain.

On fait un jeu de mots sur Napoléon (Jérôme), on dit que la guerre a un but défini par le conseil des généraux Randon, Plomplon, Vaillant.

SAMEDI 7 MAI.

L'Empereur part mardi prochain à 6 heures du soir; il emmène avec lui tant pour son service que pour celui de l'état-major 360 chevaux.

L'artillerie de la garde défile sous mes fenêtres pour rejoindre le chemin de fer de Lyon. 120 cent gardes partent avec l'Empereur. Le régiment des guides parti le 5, ne sera à Gènes que le 25, il prend la route de la Corniche.

Le changement de ministre est ce matin au *Moniteur*. On avait beaucoup parlé ces jours derniers de Piétri ou de Laity pour ministres de l'Intérieur, mais Piétri voulait renvoyer Haussmann et Laity voulait faire renvoyer Fould, on les a en conséquence laissés de côté.

Quant à Morny, des considérations égoistes lui ont fait refuser le ministère de l'Intérieur; il ne veut pas troubler sa paresse par l'activité d'une position de ministre de l'intérieur, et puis le logement du ministre est moins confortable que celui du président du Corps législatif; cela est misérable !

Walewski et Vaillant sont nommés du conseil privé, Vaillant est fait major général.

Delangle passe de l'Intérieur à la Justice où il remplace Royer créé vice-président du sénat, place vacante par la mort de M. Mesnard.

Randon, le maréchal Randon, devient ministre de la guerre.

Le duc de Padoue, jadis préfet de Seine-et-Oise où il ne put être conservé à cause de sa nullité, nommé ensuite maître des requêtes, puis sénateur à la mort de son père, prend par l'influence du Palais Royal le ministère de l'Intérieur !!!

Cette nomination est déplorable et produit le plus mauvais effet. Le duc de Padoue est une nullité à la dévotion des Jérôme.

On déplore la faiblesse de l'Empereur, on est furieux contre l'égoisme de Morny.

Le Prince Napoléon commence à parler du peu d'utilité de son départ, nous sommes tous certains qu'il fera tout au monde pour rester à Paris; il tient à ne pas quitter la France, en l'absence de l'Empereur !

Aucun général ne veut servir avec lui; tous déclinent cette charge. S'il ne part pour l'armée, il risque fort, lui qui a tant poussé à la guerre, lui, le mari de la fille du roi de Piémont, d'être hué dans les promenades et sifflé dans les rues.

Le mépris galoppe derrière lui et s'apprête à monter en croupe. Les officiers militaires de la maison du Prince Napoléon, sont décidés à donner leur démission s'il ne va pas à l'armée; en attendant il a choisi le jeune Villot comme officier d'ordonnance.

Je n'aime point le départ de l'Empereur dans de telles circonstances, il est beau d'aimer l'Italie sans doute, il est d'un grand cœur de ne pas laisser sans secours son allié le roi de Piémont, mais que lui a fait la France pour en prendre si peu de souci? Est-ce donc un pays si misérable et si dénué qu'on ne puisse y trouver qu'un niais comme le duc de Padoue pour être ministre de l'Intérieur?

L'Empereur ne voit donc pas depuis dix ans que la France ne veut pas du Prince Napoléon, qu'elle le méprise et qu'elle frémit sourdement chaque fois qu'un acte du gouvernement peut faire soupçonner son influence.

L'Empereur arrive où sont arrivés tous les gouvernements, il voit le pays dans vingt personnes, elles seules peuvent être quelque chose; d'ailleurs, l'Empereur méprise tant les hommes que leur moralité lui importe peu.

On peut mépriser certains hommes, mais on ne méprise pas un pays tout entier; c'est une faute, car le jour où il s'en aperçoit, il vous retire son appui.

Que l'Empereur méprise des drôles connus, Fould, Mocquard, Haussmann, le prince Napoléon et *quelques autres* rien de mieux, mais qu'il méprise tous les hommes, il n'en a pas le droit, et encore un coup, c'est une grave faute.

A côté de ce mépris, l'Empereur a d'étranges faiblesses, il subit de mauvaises influences et se laisse entraîner hors des voies que tout lui conseille de suivre.

Lui et nous avons besoin de sa sagesse dans la position qu'il nous a faite.

DIMANCHE 8 MAI.

Ces jours derniers, le maréchal Vaillant se trouvait aux Tuileries dans le cabinet de l'Empereur, il écrit une lettre qu'il prie le Chambellan de service de faire porter sur le champ au ministère de la guerre. Le Chambellan la remet avec recommandation sur le bureau de l'aide-de-camp; arrive Béville, qui croyant la lettre pour lui, la décachète et lit ce qui suit adressé au secrétaire général.

« L'Empereur veut savoir si le régiment xxx est parti, « répondez-moi que oui. »

Béville n'aime pas le maréchal, en conséquence il n'a rien de plus pressé que de communiquer la lettre à l'Empereur et à l'Impératrice qui furent édifiés sur la manière dont le gouvernement est servi.

L'Empereur prend Vaillant avec lui pour ne pas le laisser en France; il sait que le maréchal n'a jamais voulu croire à la possibilité d'une guerre, de là viennent ces retards dans les concentrations de troupes, en un mot de là vient que la France n'était pas prête.

Le prince Napoléon part avec l'Empereur qui ne veut pas non plus le laisser derrière lui.

Les légitimistes et les orléanistes se remuent beaucoup. M. le duc de Bordeaux a eu à Vienne une audience de l'Empereur d'Autriche.

Il y a deux jours au Cercle légitimiste de la rue de Beaune un vieux comte de Beaumont a eu l'impudence de dire à haute voix :

« Moi, messieurs, je fais des vœux pour le succès des Autrichiens. »

Et il ne s'est trouvé personne pour relever vertement une telle infamie.

L'Empereur est enchanté de partir; il a peine à dissimuler la joie qu'il éprouve de se trouver bientôt dans les plaines de l'Italie à la tête d'une armée française.

MARDI 10 MAI.

L'Empereur et le prince Napoléon sont partis ce soir à 6 heures. L'Impératrice et la princesse Clotilde les ont accompagnés jusqu'à Montereau.

Jamais l'Empereur n'a reçu une plus belle ovation que celle d'aujourd'hui. Devant le Louvre les cris de vive l'Empereur étaient sans doute nombreux et chaleureux, l'enthousiasme se montrait de bon aloi, mais arrivé au faubourg St-Antoine, les manifestations du peuple ne peuvent être décrites. C'était une émotion poignante, c'était une *furia* que ne pourront jamais comprendre ceux qui n'en ont pas été les témoins.

Le peuple se précipitait par masse vers la voiture jusque sous les roues, il acclamait l'Empereur avec des larmes dans les yeux et d'une voix où l'on sentait trembler une noble et patriotique émotion.

Le peuple lui savait gré de s'arracher aux tranquilles jouissances de son palais, de quitter son Empire, sa femme, son jeune fils, pour se mettre à la tête de cette armée française qui va répandre son sang pour la liberté de l'Italie et pour rendre à la gloire des armées de la France toute sa splendeur.

J'ai vu le moment où ce peuple qui a fait les barricades et les insurrections, qui a chassé deux royautés, a proclamé deux fois la République, dételait la voiture de Napoléon III et la traînait jusqu'à la gare de Lyon.

Je n'exagère rien, je cherche à rendre ce que j'ai vu et je reste au-dessous de la réalité.

Le peuple de Paris était ému, enthousiaste, il était tout entier Bonapartiste.

Le prince Napoléon emmène avec lui Emile Augier; on craignait About qui, dans un livre tout récent, prodigue l'injure au pape et à son gouvernement.

Dans peu de jours nous apprendrons, je le crois, de graves événements.

JEUDI 12 MAI.

La Princesse Mathilde n'a pas accompagné l'Empereur à Montereau, pas plus que le prince Jérôme; il n'y a eu que l'Impératrice et la princesse Clotilde. Au moment de la séparation définitive l'Impératrice était vivement émue et pleurait. La princesse Clotilde ne versait pas une larme, commence-t-elle à connaître son mari?

Le marquis d'Adda qui a épousé l'année dernière une fille du duc de Praslin vient d'arriver de Milan; il a envoyé à l'Empereur d'Autriche sa démission du poste de chambellan, et il s'engage comme simple soldat dans l'armée Sarde.

Il nous a dit qu'à Milan dans une revue de trois régiments dont un italien, deux régiments n'ont pas répondu au cri de Vive l'Empereur poussé par leurs officiers et que le régiment italien avait crié *Vive l'Italie*.

Du reste, à l'en croire, les routes sont semées de malades de l'armée autrichienne fatiguée par des marches et des contre-marches perpétuelles.

Le soldat allemand, toujours selon M. d'Adda, serait assez démoralisé, mal payé et mal nourri et le typhus se serait déclaré dans l'armée de Giulay.

Tout cela peut être vrai, mais il me faut autre chose que la parole d'un Italien pour y croire.

D'ailleurs bien peu de jours nous séparent encore des premières actions, et elles prouveront qui a raison, des gens qui parlent de l'enthousiasme des Allemands ou de ceux qui se font garants de leur démoralisation.

Persigny remplace à Londres le duc de Malakof. Il y sera vu avec plaisir et il aura besoin de beaucoup de prudence pour naviguer entre les mauvais vouloirs du cabinet Tory et la juste susceptibilité de la France qui ne tolérerait pas une condescendance trop entière à la politique anglaise.

Plus que personne, soit par ses journaux, soit par ses meetings, soit par les orateurs de son Parlement, soit même par les excitations de 1847, l'Angleterre a poussé l'Italie dans la voie de l'affranchissement, et aujourd'hui que la France prend l'épée pour aider à cet affranchissement, l'Angleterre prête un appui *moral* à l'Autriche !

L'Angleterre protestante veut surtout en Italie le renversement de la Papauté qui serait un coup assez vif porté à l'influence française.

L'Angleterre commerçante et politique est d'avis que la Sicile aurait fait bonne mine comme colonie anglaise.

Tel est le mot de la situation, et comment elle comprendrait l'affranchissement de l'Italie contre la France ! mais Dieu la préserve de ravir le royaume Lombardo Vénitien à l'Autriche !

VENDREDI 13 MAI.

On a affiché ce matin dans Paris une belle proclamation de l'Empereur à l'armée; elle est pleine de verve et recommande seulement de ne pas se laisser emporter à trop d'ardeur.

L'acte qui confère la régence à l'Impératrice contient des réserves qui ne sont pas publiées. Cette régence n'est pas complète et pourrait fort bien n'être qu'une présidence du Conseil des ministres. Enfin l'Impératrice ne prête pas serment comme le voudrait la constitution.

Le ministre d'État a déposé de la part de l'Empereur sur le bureau du président du Sénat un paquet cacheté dont l'ouverture ne doit être faite que dans un cas prévu.

Hier à 6 heures, Nieuwerkerke a fait une chûte de son phaëton; ses chevaux se sont emportés. Il est resté près d'un quart d'heure sans connaissance; on l'a saigné, hier et ce matin, on lui a posé des sangsues, il a un coup à la tête et une forte luxation de la jambe droite. Il a été porté avenue Gabrielle aux Champs Élysées chez le marquis de La Valette où il se trouve encore. J'espère que cette nouvelle n'aura pas de suites graves.

LUNDI 16 MAI.

Rien de nouveau du théâtre de la guerre.

« Le prince Napoléon, » dit le *Moniteur* de ce matin, « dont le corps d'armée n'est pas encore formé, reste à « Gênes pour attendre les divisions qui doivent en faire « partie, il recevra une destination ultérieure. »

On est inquiet au Ministère des Affaires étrangères des dispositions de l'Allemagne, l'attitude de la Prusse n'est pas aussi franche qu'on la désirerait.

DIMANCHE 22 MAI.

Les Autrichiens ont attaqué l'avant-garde du corps d'armée du maréchal Baraguay d'Hilliers forte de huit mille hommes composant la division du général Forey. Le corps d'armée du maréchal manœuvrait pour couper la ligne autrichienne, lorsque la première brigade de la division Forey, composée de 4000 hommes, a été attaquée fort à l'improviste par 12,000 Autrichiens; l'acharnement à se disputer un village sur lequel s'appuyaient les Autrichiens a été extrême, il a duré quatre heures, enfin le village nous est resté et les ennemis se sont vus forcés à la retraite laissant sur le champ de bataille 2000 hommes hors de combat, un général tué, 200 hommes et un colonel prisonniers.

Notre perte est de 600 hommes hors de combat, et nous comptons parmi les morts le général Beurré.

Le premier essai du canon rayé a été fait sur une maison que fortifiaient les Autrichiens à une distance de 2600 mètres, en un instant elle a été criblée et abandonnée.

Monsieur d'Arenberg a fait prendre à son fils du service en Autriche, sa propre famille le renie et tout le monde lui jette la pierre.

Toujours incertitude sur la détermination de l'Allemagne travaillée par les associations démagogiques. Les différents gouvernements de ce pays peuvent peut-être envisager la guerre contre la France comme un dérivatí.

Tout le monde ici est dans l'attente d'une bataille, on a la fièvre de l'anxiété.

MARDI 24 MAI.

J'ai dîné hier soir chez S. A. I. la Princesse Mathilde et j'ai lu au Cercle Impérial une lettre adressée par le prince de la Moskova au baron Lambert. J'ai donc les plus grands détails sur l'affaire de Montebello, où nos soldats ont obtenu un si brillant succès sur les Autrichiens. Le village de Montebello était occupé par un régiment de cavalerie Sarde, qui s'y est en quelque sorte laissé surprendre par les troupes du général Giulay au nombre de 16,000 hommes. La cavalerie Sarde a été forcée de se replier sur la grand-garde formée de deux bataillons de 600 hommes chacun de l'infanterie de ligne et soutenue par deux pièces de canon et le régiment de cavalerie Sarde, arréta pendant une heure les 16,000 hommes du général Giulay et permit à la division Forey d'accourir; alors nos troupes prirent l'offensive et forcèrent les Autrichiens à rentrer dans Montebello, d'où après un combat de cinq heures, ils furent expulsés à la bayonnette, car nos soldats n'avaient plus de cartouches.

Le général Forey a brillamment entraîné ses troupes, en s'élançant le premier le sabre à la main. Les Autrichiens ont laissé 1500 morts sur le champ de bataille. D'un autre côté, les Sardes ont obtenu un avantage et le prince Napoléon, débarqué à Livourne avec son corps d'armée, s'avance pour prendre en flanc les Autrichiens.

Le roi de Naples est mort dimanche 22 mai à 1 h. $^1/_2$, rongé par les vers qu'enfantaient les plaies dont son corps était couvert. On prétend que la politique de son fils le rapprochera de la France et du Piémont. Sa belle-mère, princesse autrichienne, avait tenté tout dernièrement de faire soulever une partie du royaume de Naples, en faveur du fils né de son mariage.

Parmi les clubs de Paris, celui du *Jockey* ne brille pas par son patriotisme; une notable partie de ce cercle fait des vœux pour les Autrichiens; quant au club de l'*Union*, il est presque entièrement Autrichien. La reine de Hollande (Pays-Bas) mandait hier à la Princesse Mathilde, que la veille au soir, je ne sais plus quel principillon et sa femme étaient venus lui dire d'un air de triomphe: « Eh bien! cela va à merveille; les Français « sont battus! » La reine ne put s'empêcher de s'écrier: « Cela n'est pas possible! »

Deux heures après arrivait la vraie nouvelle et la reine à son tour se montrait triomphante. Les journaux publient une fort belle lettre du R. P. Lacordaire, toute à la louange et à la glorification de l'intervention française en Italie.

On se communique une lettre écrite par M. de Humboldt, peu de jours avant sa mort, et dans laquelle il fait des vœux ardents pour la liberté de l'Italie.

MERCREDI 1er JUIN.

Garibaldi s'est emparé de Côme, après une série de combats, tous à son avantage.

Le roi de Piémont a franchi la Sesia avec son armée, et après un très vif engagement, il est resté maître de Palestro. L'Empereur a porté son quartier général d'Alexandrie à Verceil; nous sommes enfin à la veille de quelque grande action. L'Empereur d'Autriche, si souvent annoncé, arrive enfin. Donc l'Italie va voir se décider son sort; mais avant peu, je le crains, la question de guerre va se trouver compliquée pour l'Europe d'une manière grave. Une révolution à Constantinople est imminente; cette révolution accomplie par l'élément Grec et favorisée, encouragée par la Russie, expulsera le Turc d'Europe. Aussitôt l'Angleterre, qui a rassemblé à Malte et à Gibraltar des forces imposantes, s'emparera de l'Egypte.

Que fera la *chevaleresque* France, engagée dans une guerre contre l'Autriche; l'Angleterre et la Russie se partageront les portes de l'Orient.

J'ai bien peur que l'Italie ne nous coûte cher.

Toute l'Allemagne nous est hostile; la Belgique, ce roquet qui nous doit son existence, est Autrichienne; excepté l'Italie, qui demain sera notre ennemie, nous n'avons pas un allié!

Le ministre Grec de l'Instruction publique, mandait à Villemain l'académicien, il y a trois jours, que tout était prêt et que l'empereur turc *disparaîtrait* dans la révolution qui va avoir lieu.

Toutes ces préoccupations sont graves; la situation est bien difficile pour la France. L'Angleterre a fait grand bruit de nos projets ambitieux, elle a feint de redouter une attaque de notre part, elle a soufflé à ces brutes d'Allemands que nous voulions nos frontières du Rhin!!!

Résultat final, la France sortira de la lutte avec une dette augmentée de plus d'un milliard et sans augmentation de puissance, mais l'Angleterre aura l'Egypte, et la Russie, malgré nos sacrifices en Crimée, prédominera à Constantinople. L'Allemagne sera irritée contre nous et l'Italie sera ingrate, cela est dans l'ordre. L'Angleterre conservera un pied de puissance en Italie, par Naples, avec laquelle elle va se lier intimement, et le protestantisme anglais ne nous pardonnera pas de respecter le Pape.

La France sort de sa longue paix, pour longtemps, je le crains. Le maréchal Vaillant, fils d'un jardinier, élevé par un ingénieur, entré brillamment à l'école polytechnique, dont il sortit plus brillamment encore, est un homme que la fortune a toujours caressé de ses faveurs; sans parents riches il a fait douze ou quatorze héritages fructueux; entre autres, il a recueilli, il y a quelques années, quarante mille livres de rentes qui lui ont été léguées par un vieux joueur d'échecs qui s'est souvenu, en mourant, de la complaisance avec laquelle un jeune lieutenant d'artillerie, nommé Vaillant, faisait chaque soir sa partie, vingt ans avant. Le maréchal Vaillant est maintenant fort riche. Il racontait à un de mes amis que lorsqu'il fut envoyé pour faire le siège de Rome, qu'il n'avait jamais visitée, il partit précipitamment et sans avoir de cartes de la place qu'il était chargé de prendre. Il va sans dire que son esprit était très fortement préoccupé de la mission dont il se trouvait chargé; la nuit venue, il s'endormit dans sa voiture, et alors Rome lui apparut, comme en relief, avec ses monuments, ses enceintes, ses bastions, ses redoutes, toutes ses défenses et tous ses défenseurs, non pas sous la forme d'une vision indistincte, mais comme la réalité. Quel Dieu l'avait transporté sur la montagne pour lui faciliter sa tâche par la vue de son ennemi? il l'ignore, mais il vit tout et très exactement et il fit son plan d'attaque, auquel il n'eut rien à changer en présence de la Rome réelle; il la reconnut quand il fut sous ses murs; il la savait par cœur, lorsqu'il put y entrer; la vision lui avait été amenée par sa fortune. A une autre époque, nous aurions dit qu'elle lui fût envoyée par la Providence!..... éternels enfants du XVIIIe siècle, nous détrônons la Providence pour la fortune.

Le maréchal Vaillant a écrit tout ce que je viens de raconter; après sa mort, ses héritiers le trouveront dans ses papiers.

Fleury mande du quartier général de l'Empereur, que le soldat français est plein d'ardeur et ne demande qu'à marcher en avant, mais il s'étonne du froid des populations. Si la Lombardie veut se soulever en faveur de cette indépendance, si invoquée par elle, elle le peut bien certainement; nous lui avons fait passer en armes et munitions de guerre, de quoi équiper une puissante armée.

JEUDI 2 JUIN.

Le *Moniteur* nous fait connaître de nouveaux succès des armées franco-sardes.

Le 30 mai, le roi de Piémont a passé la Sesia et il a repoussé une vigoureuse attaque des Autrichiens, au nombre de 25,000 hommes; le 3me régiment de zouaves, qui avait été adjoint à son corps d'armée, s'est brillamment conduit; il a débusqué à la bayonnette un corps autrichien retranché avec huit pièces d'artillerie sur une hauteur; il lui a pris cinq canons et tué 400 hommes; les pertes des Autrichiens dans cette affaire sont considérables. Les généraux Autrichiens ayant reçu des renforts, sont revenus le soir du même jour pour venger leur défaite du matin, mais ils ont encore été repoussés. La division Piémontaise Fanti a soutenu également à Confinga, petit village à 6 kilomètres de Robbio, une attaque très vive qu'elle a repoussée victorieusement après deux heures de lutte.

La division Française Trochu, appuyait le corps d'armée du roi de Piémont; le 3me zouaves, pour attaquer les Autrichiens à la bayonnette, avait à franchir un canal et à gravir sous le feu de l'artillerie un monticule assez escarpé; rien n'a pu arrêter leur élan; les huit pièces en batterie ont été emportées; cinq sont restées au pouvoir des zouaves, trois ont été prises par les Piémontais, qui ont fait vaillamment leur devoir.

On a quelques inquiétudes au sujet de Garibaldi, quoiqu'il ait reçu des renforts.

SAMEDI 4 JUIN.

L'Empereur se trouvait au combat qui a eu lieu lors du passage de la Sesia par le roi de Piémont; c'est lui qui a envoyé le 3me zouaves au secours de l'aile droite des Piémontais.

Garibaldi est rentré à *) que les Autrichiens avaient repris après l'avoir bombardé.

J'ai vu hier M. Thouvenel qui retourne à Constantinople; il me disait qu'après la guerre d'Italie, la question orientale serait la plus grosse affaire. Je ne crois pas qu'il se trompe; la grosse et très grosse affaire pour la France est la question orientale et l'Angleterre voudrait profiter de la guerre d'Italie pour trancher sans nous le nœud oriental.

Une dépêche affichée à la Bourse nous fait connaître que des ponts ont été jetés hier sur le Tessin et que notre armée a commencé à passer sur l'autre rive, après un combat dans lequel l'ennemi a subi des pertes considérables. Il s'est mis en retraite en laissant entre nos mains un canon, ainsi qu'une grande quantité d'armes et de munitions. Les bulletins des divers combats donnés par les journaux Viennois sont tellement impudents qu'ils en sont risibles. L'armée Autrichienne, suivant leurs versions, vole de triomphes en triomphes; elle détruit un régiment de cavalerie française là où nous n'en avions pas, et fait prisonniers des zouaves là où il n'en a pas encore paru.

DIMANCHE 5 JUIN.

Tout St-Germain est illuminé; les feux de joie retentissent en pétards incessants; les fusées sillonnent le ciel, illuminent les ténèbres; la Mairie a fait lire dans toutes les rues la dépêche suivante, adressée par l'Empereur à l'Impératrice:

*) Mot omis dans le manuscrit.

Novare, 4 juin 1859.

Pont de Magenta, 11 heures 30 minutes.

Une grande victoire : 5000 prisonniers; 15,000 ennemis tués ou blessés; à plus tard les détails.

On sait que les Autrichiens, au nombre de 150,000, étaient sous la direction du maréchal Hess, leur meilleur général.

L'armée franco-sarde comptait 100,000 combattants. L'Empereur est probablement à Milan, aujourd'hui. Garibaldi avait subi un petit échec.

MARDI 7 JUIN.

Milan s'est insurgée; les Autrichiens en sont partis précipitamment, abandonnant la caisse de l'armée et de l'artillerie; ces nouvelles sont arrivées hier, elles étaient parties hier matin de Milan, où nous devons être entrés. Dans la dernière bataille, nous avons perdu les généraux Espinasse et Clerc; la nouvelle officielle en est au *Moniteur*. On disait à 4 heures, hier, en Bourse, que le maréchal Canrobert et le général Niel étaient très grièvement blessés, que Mac-Mahon l'était moins et qu'il avait été nommé maréchal sur le champ de bataille.

La division Camou a prodigieusement souffert. Nous avons fait 7000 prisonniers; nous avons pris 12,000 fusils; l'armée Autrichienne a, de plus, 20,000 hommes hors de combat.

J'entendais hier des commerçants de Paris, et des plus considérables, dire : « Cette guerre est abominable;

il est temps que l'Empereur la finisse, car il ne faut ni d'une seconde campagne, ni d'un second emprunt. »

Ce sont toujours les mêmes stupides bourgeois; ils reprochaient à Louis-Philippe sa couardise. Messieurs Thiers et Guizot sont stupéfiés que l'Empereur ait osé faire la guerre et qu'il la conduise si heureusement. Les gens de la paix à tout prix ne reviennent pas de leur surprise. Ils voulaient faire des Français un peuple de Chinois!! Pauvres Mandarins!

VENDREDI 10 JUIN.

Ni Canrobert, ni Niel ne sont blessés, ni même le général Mellinet, que MM. de la Bourse aimaient, dans leur ardent patriotisme, à compter parmi les morts. Le général Mac-Mahon, nommé maréchal, est fait duc de Magenta. Le général Régnault de St-Jean d'Angely est nommé maréchal. L'Empereur et le roi de Piémont ont fait leur entrée à Milan. Les Autrichiens ont évacué Pavie après avoir encloué leurs canons et noyé leurs munitions. Le corps Autrichien de Benedeck s'était retranché à Marignan; l'Empereur a envoyé pour les déloger le maréchal Baraguay-d'Hilliers qui l'a battu et lui a fait 1200 prisonniers.

La lutte est engagée devant le parlement anglais, entre le ministère Derby et les oppositions coalisées; l'instruction qui, pour la France, doit ressortir de cette lutte, par les aveux des membres de chaque parti, c'est que la France ne doit compter sur *sa noble alliée,* que dans les causes où l'intérêt anglais souffrirait de se trouver isolé. Dans toute autre circonstance, l'Angleterre sera moralement ou matériellement contre nous.

L'Allemagne s'agite toujours beaucoup pour persuader au monde *qu'elle ne ferait qu'une bouchée* de la France. Les Orléanistes sont encore plus Autrichiens que les légitimistes sont bêtes! *Ces braves gens* sont risibles; ce sont de pauvres fous qu'il faut traiter avec cette pitié respectueuse que les habitants du Valais ont pour leurs crétins.

SAMEDI 11 JUIN.

Le bulletin de la bataille de Magenta est enfin publié! L'Empereur s'est trouvé pendant deux heures au milieu de la garde, attaqué par toute l'armée autrichienne; il attendait impatiemment l'arrivée de Canrobert et de Mac-Mahon retardés dans leur marche.

Le nombre des officiers supérieurs français tués ou blessés est considérable. Senneville, chef d'état-major du maréchal Canrobert, est au nombre des tués. A l'attaque du village de Magenta, le général Mac-Mahon a pris, entre autres corps ennemis, le régiment entier de chasseurs à pied N° 2, colonel Hauser.

DIMANCHE 12 JUIN.

L'Empereur a adressé aux Italiens une belle proclamation d'un style noble et élevé, qui répond victorieusement à toutes les défiances de l'Europe, à tout le mauvais vouloir de l'Angleterre. Il s'y montre après la victoire aussi modéré qu'avant de prendre les armes; il n'a pas voulu, il ne veut pas conquérir, il est venu pour affranchir et il affranchit.

« Italiens!

« La fortune de la guerre nous conduisant aujourd'hui « dans la capitale de la Lombardie, je viens vous dire pour- « quoi j'y suis. Lorsque l'Autriche attaqua injustement le « Piémont, je résolus de soutenir mon allié le roi de « Sardaigne; l'honneur et les intérêts de la France m'en « faisaient une loi. Vos ennemis qui sont les miens, ont « tenté de diminuer la sympathie universelle qu'il y avait « en Europe pour votre cause, en faisant croire que je « ne faisais la guerre que par ambition personnelle ou « pour agrandir le territoire de la France. S'il y a des « hommes qui ne comprennent pas leur époque, je ne suis « pas du nombre. Dans l'état éclairé de l'opinion publique, « on est plus grand aujourd'hui par l'influence morale « qu'on exerce que par des conquêtes stériles, et cette in- « fluence morale, je la cherche avec orgueil en contri- « buant à rendre libre une des plus grandes parties de « l'Europe. Votre accueil m'a déjà prouvé que vous m'a- « vez compris. Je ne viens pas ici avec un système pré-

« conçu pour déposséder les souverains, ni pour vous im- « poser ma volonté; mon armée ne s'occupera que de « deux choses: combattre vos ennemis et maintenir l'or- « dre intérieur. Elle ne mettra aucun obstacle à la libre « manifestation de vos vœux légitimes.

« La providence favorise quelquefois les peuples comme « les individus, en leur donnant l'occasion de grandir tout- « à-coup, mais c'est à la condition qu'ils sachent en pro- « fiter.

« Profitez donc de la fortune qui s'offre à vous. Votre « désir d'indépendance, si longtemps exprimé, si souvent « déçu, se réalisera, si vous vous en montrez dignes.

« Unissez-vous donc dans un seul but; l'affranchisse- » ment de votre pays.

« Organisez-vous militairement.

» Volez sous les drapeaux du roi Victor-Emmanuel « qui vous a déjà si noblement montré la voie de l'hon- « neur.

« Souvenez-vous que sans discipline, il n'y a pas d'ar- « mée, et animés du feu sacré de la patrie, ne soyez au- « jourd'hui que soldats, demain vous serez citoyens libres « d'un grand pays.

« Fait au quartier impérial à Milan, 8 juin 1859.

« Napoléon. »

La proclamation de l'Empereur à son armée est non moins belle.

« Soldats !

« Il y a un mois, confiant dans les efforts de la di- « plomatie, j'espérais encore la paix, lorsque tout-à-coup « l'invasion du Piémont par les troupes autrichiennes « nous appela aux armes. Nous n'étions pas prêts.

« Les hommes, les chevaux, le matériel, les approvi-
« sionnements manquaient, et nous devions, pour secourir
« nos alliés, déboucher à la hâte par petites fractions au-
« delà des Alpes, devant un ennemi redoutable et préparé
« de longue main.

« Le danger était grand, l'énergie de la nation et
« votre courage ont suppléé à tout. La France a retrouvé
« ses anciennes vertus, et unie dans un même but, comme
« en un seul sentiment, elle a montré la puissance de ses
« ressources et la force de son patriotisme. Voici dix jours
« que les opérations ont commencé, et déjà le territoire
« piémontais est débarrassé de ses envahisseurs.

« L'armée alliée a livré quatre combats heureux et
« remporté une victoire décisive, qui lui ont ouvert les
« portes de la capitale de la Lombardie. Vous avez mis
« hors de combat plus de 35,000 autrichiens, pris 17 ca-
« nons, deux drapeaux, 8000 prisonniers, mais tout n'est
« pas terminé; nous aurons encore des luttes à soutenir
« des obstacles à vaincre. Je compte sur vous : courag
« donc, braves soldats de l'armée d'Italie ! Du haut du
« ciel vos pères vous contemplent avec orgueil !

« Fait au quartier général de Milan, 8 juin 1859.

« Napoléon. »

Les Autrichiens ont évacué Lodi et repassé l'Adda; l'Allemagne est *étonnée* de la défaite des Autrichiens. La Prusse ne se prononce pas, mais elle se prépare; cependant j'espère qu'elle aura la sagesse de la neutralité.

Le ministère Derby a été battu dans la Chambre des communes, sur la question de confiance. 323 voix contre 310 ont adopté l'accusation ainsi formulée : « Nous vous

« accusons de n'être pas sincère dans la neutralité; nous « vous accusons de mauvais desseins envers la France. »

C'est, dit-on, un ministère Palmerston et Russel qui remplacera le ministère Derby. C'est, prétend-on, un succès pour la France...... nous verrons.

La question d'Orient qui revient plus difficile qu'aux jours de Crimée nous prouvera quel fond il faut faire sur l'Angleterre.

Dans l'Inde, l'insurrection n'est point anéantie et les Indous se montrent de nouveau en force, vers l'Oude la position des Anglais devient difficile dans ce pays.

LUNDI 13 JUIN.

Les Autrichiens sont rejetés derrière l'Adda; ils ont évacué Pavie et abandonné Plaisance, après en avoir fait sauter la citadelle et les fortifications.

Le bruit court que les Autrichiens songent également à abandonner Bologne.

Le prince Gortschakoff a envoyé à tous les agents russes une circulaire dans laquelle il blâme très vivement la détermination du cabinet autrichien qui a forcé la France à faire la guerre, et dans laquelle il rend hommage à la modération de l'Empereur Napoléon. Dans cette circulaire, le prince dit encore que la Confédération germanique n'existe comme corps constitué que pour la défense des intérêts allemands, s'ils étaient menacés; mais que la Confédération n'a point été garantie par les traités pour une coalition d'attaque; que d'ailleurs les intérêts Allemands ne sont nullement en péril, car l'Empereur Napoléon a solennellement protesté en présence de l'Europe de sa volonté de les respecter.

Lord Normanby, parlant de la mission du prince Napoléon en Toscane, mission que l'on désigne sous le nom de mission stratégique, a dit que le prince avait comme stratégie accepté la mission qui devait le plus l'éloigner du champ de bataille; c'est le *Galignani* qui rapporte ce propos d'après le *Times*.

Les journaux français se livrent déjà à de belles dissertations sur la régénération de l'Italie, qui doit suivre, disent-ils, sa libération, je le désire de tout mon cœur, et je fais des vœux ardents pour qu'il en soit ainsi; mais je crains fort que de graves difficultés ne suivent de fort près la délivrance de l'Italie, lorsque cette délivrance sera un fait accompli.

Le parti mazzinien fait le mort en ce moment; il laisse enterrer les morts des batailles et passer les ovations des triomphateurs; il laissera également s'apaiser l'enthousiasme des peuples délivrés, puis il viendra contre le souverain quelconque de l'Italie recommencer son œuvre perturbatrice. Il ne voudra pas plus de la royauté du roi de Piémont que de celle de l'Empereur d'Autriche; il conspirera contre le Pape et le roi de Naples; les Mazziniens sont les socialistes de l'Italie, et, pourrait-on dire par exemple, quel gouvernement les socialistes accepteraient pour la France? . . .

Après avoir chassé les Autrichiens, nous trouverons les révolutionnaires et nous les trouverons en Italie comme en France; en France on les ménage, on les laisse cotoyer le pouvoir, et le pouvoir lui-même est encombré d'amis douteux, près d'être ennemis, si la faveur de la fortune chancelait, si la sagesse ou l'habileté de l'Empereur faiblissaient un moment.

Les Chambres et les administrations sont remplies de génies qui se croient comprimés, de bavards impatients d'abuser de la parole, de parvenus qui s'aveuglent sur leur nullité; d'*honnêtes gens* très désireux de se vendre pour croître en honneurs et en dignités. Puis, il y a encore les voleurs qui auraient l'espoir de se *réhabiliter* en se rebaptisant dans la cuve d'un nouveau dévouement. Beaucoup d'entre eux savent qu'on les emploie, mais qu'on les méprise; ils n'ont plus besoin d'être employés et ils seraient heureux de se venger du mépris par la trahison. C'est une faute pour un gouvernement comme pour un particulier de laisser percer le mépris que lui inspirent ses serviteurs. Les domestiques qui se savent méprisés par leur maître le volent sans scrupule; les fonctionnaires méprisés par le gouvernement qui les emploie, le trahissent sans remords. Combien je connais de ces traîtres en herbe ? La liste en serait trop longue à établir. Quand un souverain méprise ses agents, il doit les tenir sous le talon ferré de sa botte et ne jamais lever le pied. Mais nous sommes au milieu des triomphes et des *Te Deum*, nous sommes encore étourdis par le vin du succès, pourquoi venir croasser, corbeau de malheur, sur le couronnement des arcs de triomphe ? Pourquoi nous réveiller à demain, dormons dans hier !

MARDI 14 JUIN.

L'armée française a passé l'Adda sans obstacles à Bassano; l'armée Sarde a également franchi le fleuve à la hauteur de Vaprio; ces deux opérations se sont effectuées dans la matinée du 12.

Les Autrichiens sont en pleine retraite sur l'Oglio, ils ont évacué Pizzighetone; Crémone et Brescia sont libres. Tout fait présumer que l'armée Autrichienne se concentre pour disputer ses dernières lignes de défense, le Mincio et l'Adige. L'Empereur d'Autriche prend, dit-on, le commandement en chef, avec l'assistance du général Hess.

A Bologne, que les Autrichiens ont abandonné, une manifestation en faveur du roi Victor-Emmanuel a eu lieu. Cette manifestation, contraire aux garanties données par l'Empereur Napoléon à N. S. P. le pape, est l'œuvre du prince Napoléon et d'un gendre du feu prince Lucien. Le prince Napoléon révèle enfin sa présence sur le théâtre de la guerre, par une intrigue ourdie en opposition à son cousin; on ne pouvait attendre mieux de lui. Le gendre du prince Lucien, dont il est ici question, est un certain comte ou marquis Pepoli, fort ignoré jusqu'à présent. Des nouvelles de Turin du 13 affirment que les Autrichiens ont abandonné Reggio et Brescella, et qu'ils se disposaient à évacuer Modène.

Lord Palmerston a pris de concert avec Lord John Russel, la direction des affaires en Angleterre.

Le prince de Metternich est mort à Vienne ces jours derniers et personne ne se préoccupe de cette mort qui eût été considérée comme un grave évènement il y a quelques années. Quelques journaux français ont le tort de trop rabaisser le mérite de cet homme d'Etat, qui, pendant près de quarante ans, a été à lui seul une puissance dans la politique de l'Europe. Vaincu par la révolution de 1848, il était resté depuis cette époque éloigné des affaires, mais pas toujours des conseils. Il est injuste de prétendre que l'Autriche doit attribuer à son système de compression, la perte de l'Italie. L'Autriche comprimait par la nécessité de sa position, et jamais depuis 1815, l'Italie, agitée par le Carbonarisme ou le Mazzinisme, ne lui a permis de se relâcher d'une sévérité rigoureuse. Le Piémont a beaucoup contribué à remuer l'Italie, c'était pour lui une tâche d'ambition et les grands mots de liberté qu'il lançait dans les plaines de la Lombardie, avaient pour but l'agrandissement de son royaume, sa transformation en un Empire de premier ordre, sous le nom séduisant d'*Unité italienne*. M. de Metternich est mort à plus de quatre-vingt ans. Il lui est ainsi épargné de voir perdre à son pays quelques-unes de ses plus belles provinces; celles dont la possession lui permettait de rêver pour l'Autriche, dans l'avenir, la création d'une puissance maritime que Trieste seule ne lui donnera pas. L'Autriche s'*arrondit* à la manière de ces prodigues fils de famille, dont les créanciers saisissent chaque jour une ferme, un bois, un étang. Elle était depuis longtemps débarrassée des Pays-Bas, qui nuisaient à son arrondissement, elle va l'être de l'Italie, elle le sera peut-être avant peu de la Hongrie; elle imite ce gros clown du cirque qui, après avoir ôté tous ses gilets et toutes ses vestes, demeurait frêle comme un roseau. Lorsque le clown autrichien aura dépouillé toutes ses vestes étrangères, il paraîtra bien délicat. La Princesse Mathilde, chez laquelle je dînais hier, a reçu une lettre de Fleury qui lui dit de se rassurer à propos des entraînements belliqueux qu'il serait permis de supposer à l'Empereur Napoléon. Froid, résolu et doué du jugement et du coup d'œil prompt et assuré des grands capitaines, d'un courage presque téméraire pendant l'action, il ne peut après la bataille regarder d'un œil sec les corps inanimés de ceux qui la paient de leur vie; les cadavres qui pavent la route de la victoire la lui rendent trop douloureuse; il a déjà hâte de voir la fin de cette guerre d'Italie qui coûte chaque jour tant de sang français.

Dieu veuille qu'il ne s'habitue pas à ces émotions et qu'il revienne à cet Empire fondé par lui et qui, disait-il naguère à la ville de Bordeaux, signifiait la *Paix*.

Le baron Brénier est parti pour Naples comme ambassadeur.

SAMEDI 18 JUIN.

Voici la liste du ministère anglais:

Premier Lord de la Trésorerie: Vicomte Palmerston.
Chancelier de l'Echiquier: Gladstone.
Affaires étrangères: Lord John Russel.
Intérieur: Sir Cornwall Levvis.
Colonies: Duc de Newcastle.
Guerre: N. Sidney Herbert.

Indes: Sir Ch. Wood.
1er Lord de l'Amirauté: Duc de Somerset.
Lord Chancelier: Lord Campbell.
Président du Conseil : Lord Granville.
Sceau privé: Duc d'Argyl,
Directeur général des Postes: Lord Elgin.
Commerce: Coldea.
Président de l'assistance publique: Gibson.
Travaux publics: Gardwell.
Duché de Lancastre: Sir Z. Grey.
Secrétaire de la Trésorerie: Pell et Brand.
Secrétaire de l'Amirauté: Lord Clarence Paget.
Sous-secrét. d'Etat aux Affaires étrang.: Lord Wodehouse.
Sous-secrétaire d'Etat aux Colonies: M. Chichester.

Rien de nouveau du Théâtre de la guerre; les Français avancent toujours et les Autrichiens se concentrent dans leur fameux quadrilatère de Mantoue, Vérone, etc., où doit avoir lieu avant peu quelque grande affaire.

DIMANCHE 19 JUIN.

Le roi Victor Emmanuel refuse la dictature que lui offrait la municipalité de Bologne. Voilà à quoi aboutit l'œuvre du prince Napoléon et de Monsieur Pepoli.

Le roi a tenu au commissaire bolonais le discours suivant:

« Veuillez bien faire comprendre aux patriotes bolonais « que dans les circonstances actuelles, toutes démarches, « toutes résolutions inconsidérées seraient de nature à com-

« promettre la cause de l'indépendance. Il ne faut pas que « l'Europe puisse m'accuser de n'agir que par ambition « personnelle et de substituer l'absorption piémontaise à « l'oppression autrichienne. Le Saint-Père, le chef vénéré « des fidèles est resté à la tête de son peuple, il ne s'est « pas, comme les souverains de Parme, de Modène, de Tos- « cane, démis de son autorité temporelle que nous devons « non-seulement respecter, mais consolider. Je désapprou- « verai donc tout acte subversif contraire à l'équité et nui- « sible à la noble cause que nous servons. N'oublions pas « non plus que Pie IX est un prince italien. »

Maladroits Bolonais qui n'avez pas compris que dans *les circonstances actuelles* vos adhésions ne suffisent point, le Saint-Père *n'a pas abandonné son pouvoir temporel!*... Ecoutez, Monsieur Cavour, parlant par l'organe de son maître:

« Forcez le Pape à sortir de ses Etats, et alors nous « pourrons nous entendre » (malheureusement Rome est occupé par une division française).

La Prusse mobilise six corps de son armée.

La *Patrie* a l'audace d'imprimer ce soir;

Le prince Napoléon s'est déjà parfaitement habitué à la vie active qu'on mène en campagne; malgré le charme qu'offre Florence à tous les étrangers, malgré la réception chaleureuse qui lui a été faite et les témoignages non-équivoques de sympathie générale, le prince avait hâte de se porter en avant, mais je ne serai pas très étonné qu'on soit obligé de demeurer quelques jours encore dans les environs de Pistoia pour attendre la suite des opérations de l'armée principale.

Ce paragraphe est magnifique de bêtise ou de méchanceté.

Plus loin;

Sur la table du prince on ne voit pas figurer d'autre pain que celui de munition.

Si le fait est vrai, le prince est un sot, ou il croit les humains bien bêtes. On prétend que ces *intéressantes* nouvelles viennent d'un ami du prince; alors il n'y a pas que les amateurs de jardins qui soient caressés à coups de pierres par leurs ours.

Le général Giulay est revoqué sur *sa demande*, du commandement de la 2ᵉ armée autrichienne, le général Schlick le remplace.

LUNDI 20 JUIN.

Après s'être livré à une enquête judiciaire, le gouvernement Sarde dénonce au monde civilisé une atrocité commise par le *Feldmarschall lieutenant Urban* qui pour avoir trouvé dans la cabane d'un paysan un petit sac de plomb de chasse a fait fusiller tous les individus au nombre de neuf qui se trouvaient dans cette cabane, depuis un vieillard de 60 ans jusqu'à un enfant de 14 ans. Cette exécution a eu lieu en présence d'un huissier que le général avait contraint à servir de guide et qu'il relâcha après l'exécution en lui donnant pour sauf conduit sa carte de visite.

Le journal *la Presse* laisse percer son mécontentement du refus fait par le roi de Piémont de la dictature offerte par quelques communes des États pontificaux, et des nouvelles assurances données par l'Empereur et le roi que loin d'attenter à la souveraineté temporelle du Pape, ils voulaient la consolider.

La Prusse semble pencher vers l'exagération des idées allemandes, elle rassemble ses troupes et sous prétexte de médiation armée quand le moment sera venu, elle dispose ses corps d'armée avec l'espoir que la France sans doute sera intimidée par ce déploiement de force et se montrera moins difficile dans le réglement de la question.

L'Empereur a dit ce qu'il voulait de la guerre : *l'Italie libre jusqu'à l'Adriatique.*

Le premier et le troisième corps de l'armée russe, forts de 120,000 hommes, se réunissent, assure-t-on, à Kalish ; le deuxième et le quatrième sur les frontières de la Galicie, le cinquième du côté de la Moldavie.

Le bulletin détaillé de nos pertes à Magenta et à Marignan est au *Moniteur* ; 37 officiers tués, 159 blessés, 440 soldats tués, 2731 blessés.

MARDI 21 JUIN.

La Prusse concentre ses troupes et les rapproche, dit-on, du Rhin ; le quartier général serait à Francfort, cela se nomme la neutralité armée. On prétend que la Prusse trouve le moment opportun pour intervenir en faveur de la paix ; on lui prête l'intention de vouloir sauver au profit de l'Autriche une partie de l'Italie en établissant comme point de séparation entre l'Italie indépendante et l'Autriche, la ligne du Mincio ! Elle oublie que l'Empereur a déclaré que l'Italie devait être libre jusqu'à l'Adriatique.

Rien de nouveau du Théâtre de la guerre, les Autrichiens sont enfin dans leur fameux quadrilatère sous Vérone et Mantoue et nous nous avançons chaque jour pour les joindre.

L'Inde devient de moins en moins favorable aux Anglais ; l'insurrection n'y est pas étouffée, le choléra reparaît et les régiments anglais commencent à se désaffectionner et à refuser le service ; on est obligé d'entrer en pourparlers avec eux.

Le roi de Naples a publié une amnistie complète.

Le public français est irrité des fanfaronnades des militaires de la Prusse et des petits Etats allemands et leurs démonstrations sur les bords du Rhin n'atteindront pas le but qu'ils se proposent ; quant à leur partage de nos provinces on en rit.

MERCREDI 22 JUIN.

Tout dans les dispositions des armées belligérantes fait supposer qu'une grande bataille aura lieu prochainement. L'Empereur a quitté hier Brescia pour Castenedolo. La dépêche officielle qui donne ces nouvelles se termine par *tout va bien*.

Le 14 juin, les Autrichiens ont réprimé à Venise une tentative d'insurrection ; on parle de deux morts et de trois blessés, de nombreuses arrestations ont été faites; le 15, dit la *Presse de Vienne*, le calme était rétabli.

La nouvelle est arrivée par Marseille que le Pacha d'Egypte a fait suspendre les travaux du canal de Suez. Monsieur de Lesseps proteste, notre consul général offre sa médiation. Voilà où en sont les choses; on prétend que cette suspension est un *service d'ami* de notre cordiale alliée l'Angleterre!

Il est arrivé de très sérieuses nouvelles de l'Inde.

Nana Saïb est de nouveau sur les frontières de l'Oude et l'insurrection se ranime. Quatre régiments européens refuseraient de marcher.

L'attitude de la Prusse est toujours le sujet des commentaires de la presse et du public. S'il est vrai qu'elle envoie ses soldats sur les bords du Rhin avec la prétention d'imposer des conditions de paix, les affaires pourraient très fort s'embrouiller; mais l'Autriche déclare que tant qu'il lui restera un soldat, elle ne cédera rien en Italie.

Toutes les puissances prétendues neutres répètent risiblement à l'unisson: *les traités de 1815 subsistent, malheur à qui voudrait y porter atteinte.* Comme si ces fameux traités subsistaient encore, eux qui ont proclamé que *« la famille Bonaparte était à jamais déchue du trône! »* Les traités de 1815 ont été déchirés par la révolution belge, par l'absorption de la Pologne par la Russie, par la confiscation de la Cracovie. Les traités de 1815 étaient morts avant Monsieur de Metternich; la mort de cet homme d'Etat est comme leur service du bout de l'an. Paix donc aux traités de 1815, ils sont loin de nous, les morts vont vite.

VENDREDI 21 JUIN.

La Prusse espère jouer un rôle d'intimidation et se donne beaucoup de mal pour se faire *plus grosse que le bœuf*. Elle va venir occuper les bords du Rhin, établir son quartier général à Francfort, puis elle fera voyager ses diplomates; mais si les propositions d'arrangement qu'elle patronne sont celles que font connaître quelques journaux étrangers elle pourra en demeurer pour ses frais. En effet, l'Empereur Napoléon victorieux des Autrichiens a dit au peuple italien et au monde: *je ne veux rien pour la France, mais je veux l'Italie libre jusqu'à l'Adriatique.*

La Prusse n'a probablement pas entendu ces paroles; elle demanderait que les négociations à entamer prissent pour base le respect des déliminations italiennes de 1815, et alors l'Autriche donnerait des garanties d'une meilleure administration. C'est une plaisanterie! mais elle est de mauvais goût, et toutes les grandes intimidations de la Prusse ne la feront pas prendre pour une vérité.

Les troupes suisses du Pape, après plusieurs heures de combat ont repris Pérouse sur les empressés de M. le prince Napoléon.

Un nouvel agitateur se fait remarquer dans les Etats de l'Eglise, c'est le propre neveu du prince Murat, le fils de sa sœur.

Quelle famille à l'Empereur!

SAMEDI 25 JUIN.

Ce matin de fort bonne heure j'entendis de la terrasse de St-Germain les volées d'artillerie retentir au-dessus de Paris. Je pris le convoi du chemin de fer de 8 heures 1/2 et arrivé à Paris je lus sur tous les murs la dépêche suivante adressée par l'Empereur à l'Impératrice :

« *Cavriana, 24 juin 9 heures 1/4 du soir.*

« *Grande bataille et grande victoire.*

« *Toute l'armée autrichienne a donné.*

« *La ligne de bataille avait cinq lieues d'étendue, nous* « *avons enlevé toutes les positions, pris beaucoup de canons,* « *de drapeaux et de prisonniers. Les autres détails sont* « *impossibles pour le moment. La bataille a duré depuis* « *4 heures du matin jusqu'à 8 heures du soir.* »

L'Impératrice a reçu depuis une seconde dépêche d'où il résulte que*) nous sommes arrivés sur les bords du Mincio comme les Autrichiens se disposaient à le passer, nous croyant encore à vingt-quatre heures de marche en arrière, nous les avons attaqués. Toute l'armée autrichienne était présente sous les ordres de son jeune empereur, elle a perdu ses positions et n'a pas pu empêcher de passer le Mincio à sa suite.

Nous avons pris 75 pièces de canons, beaucoup de drapaux; les Autrichiens ont près de 30,000 hommes hors

*) Fausse nouvelle répandue dans Paris le soir même et fort accréditée.

de combat, un grand nombre ont été noyés, on parle de 15,000 prisonniers.

Paris ivre de joie est couvert de drapeaux et le ciel reflète son immense illumination.

Ici à St-Germain tout est illuminé et les feux d'artifice ne cessent de retentir dans chaque rue.

Demain matin je partirai à 8 heures $^1/_2$ pour aller à St-Gratien chez la Princesse Mathilde, je n'en reviendrai que lundi.

MARDI 28 JUIN.

On commence à savoir quelques détails sur la dernière bataille qui prendra le nom de Solferino.

Le journal *La Patrie* avait trop embelli la victoire. Nous avons fait 7000 prisonniers, pris 30 canons et 3 drapeaux. Le général Auger qui de concert avec l'Empereur organisait la nouvelle artillerie, a le bras emporté. François de La Rochefoucauld est prisonnier avec deux blessures légères. Le jeune Fénélon est tué. Le général Niel est fait maréchal.

Les faits que je donnais samedi comme relatés dans une seconde dépêche reçue par l'Impératrice, je les tenais de Nieuwerkerke qui sortait de chez l'Impératrice, que et qui croire ?

On cherche à faire un crime au Pape de la répression des révoltes de ses villes ; le journal *La Patrie* accueille toutes les accusations, cela est au moins singulier.

On préconise une neutralité à l'usage du Pape au moyen de laquelle lui Pape serai: neutre et ses provinces seraient placées sous la dictature du roi de Piémont. Rien n'est si commun que l'absurde par le temps qui court.

Chez la Princesse je n'ai rien appris de nouveau. J'ai pu y contempler le triomphe de l'infatuation et voir à quel point la faiblesse orgueilleuse peut se laisser mener en croyant faire du pouvoir absolu.

D'abord parlons de Clément de Ris, mon attaché, qui a cherché à m'éreinter dans la *Revue française*. Cela lui a porté bonheur, il a été invité à dîner chez la Princesse et il va être décoré comme accrocheur de tableaux à l'Exposition. La Princesse m'a dit qu'il ne le serait pas à cause de son mauvais procédé envers moi, et que Nieuwerkerke lui en avait exprimé toute sa colère. Mais Clément rapporte la chose autrement, il n'a qu'à se louer, dit-il, du *directeur* qui a été charmant, et des assurances qu'il lui a données: « Vous avez été vif envers Vieil Castel, mais « cela ne me regarde pas, c'est une affaire à part. »

Clément sera décoré!

Nieuwerkerke dispose pour faire des acquisitions de l'argent d'autrui comme du sien propre.

Quelques amis cependant sont ou maltraités ou expulsés.

Morel Fatio est assez riche. Eug. Giraud est assez riche, on ne lui donne que 4000 francs pour le mauvais tableau du Cabinet du Directeur comme à son frère Charles. Muller a 8500, Isabey je crois 6000, Hébert qui donne des soirées intimes, Hébert qui prône Arago et qui sait être courtisan, demandait 10,000 francs de son tableau. Nieuwerkerke Louis XIV lui envoie 15,000 francs de l'argent de l'exposition. Tout cela se décide en conseil Chennevières. Villot se porte appuyé par son directeur à l'académie des Beaux arts.

Tout cela serait vraiment amusant si ce n'était pas triste !

Nieuwerkerke touche à l'impossible, il s'aveugle sur tout, se croit ferme et omnipotent, et il est conduit par des nullités comme Chennevières, Reiset, etc. . . . . Ce qu'il a fait de plus beau, c'est la réforme de ses cartes de visite. Il a supprimé; *membre de l'Institut, directeur général des Musées,* pour mettre; *chambellan de l'Empereur, intendant des Beaux arts de Sa maison.*

Il n'est pas possible de faire une plus fausse appréciation des choses, de plus abdiquer l'indépendance de son . . . . . . Enfin tout est pour le mieux !

MERCREDI 29 JUIN.

Le général Forey est blessé légèrement, ainsi que deux autres généraux.

Les journaux étrangers nous apprennent que l'empereur d'Autriche rappelé par des affaires importantes va retourner à Vienne. Le général Hesse aura le commandement.

L'Empereur Napoléon pendant la dernière bataille s'est trop exposé, il semblait vouloir tenter sa destinée.

Il n'y a du reste rien de saillant dans les nouvelles du moment.

JEUDI 30 JUIN.

L'Empereur à l'Impératrice:

« *Carriano, 28 juin, 2h 20m du soir.*

« *Nos troupes passent le Mincio sans résistance, l'en-*
« *nemi s'étant retiré au delà.* »

L'Empereur d'Autriche repart, affirme-t-on.

Le prince Napoléon doit avoir rejoint le quartier général avec son armée. Nous allons voir ce qu'il saura faire. Il doit être furieux du succès de son cousin.

La presse anglaise et entre autres journaux le *Times* qui nous a tant injurié et tant dénigré l'Empereur, revient à plus de justice dans ses appréciations.

Le gouvernement pontifical reprend peu à peu possession des localités soulevées par les soins du prince Napoléon. Le général Allegrini, à la tête de la garnison d'Ancône, a repris la ville sans coup férir, Les troupes du Souverain Pontife marchent sur Rimini, Forli et Cesena.

Enfin sous la date du 26 on écrit de Vienne à la Gazette nouvelle de Berlin:

« Hier se sont répandu les premiers bruits d'une ren-
« contre sérieuse sur le Mincio; on avait l'espoir que
« l'issue en serait heureuse, attendu que les premières
« nouvelles qui nous arrivaient du champ de bataille par-
« laient du mouvement rétrograde des Piémontais. Mais le
« contre-coup a été d'autant plus profond que le *Moniteur*
« nous a annoncé la terrible vérité, constatée immédiate-
« ment après par les rapports qui nous parviennent avec

« une ponctualité inouie. Un morne découragement s'empare peu à peu du peuple. »

SAMEDI 2 JUILLET.

L'Empereur à la date du 30 Juin avait porté son quartier général de l'autre côté du Mincio à Vallegio.

Le prince Napoléon dit la dépêche devait arriver dans la journée! Le prince ne se presse pas, il fait si chaud! Le peuple avait dernièrement inventé de dire : « Pourquoi le prince Napoléon n'est-il pas sur le Pô? — « C'est que l'Autriche y est (l'autre y chiait). »

Je ne donne pas ceci comme de bien bon goût, mais comme un indice de l'opinion publique sur ce prince.

La lumière se fait sur les évènements révolutionnaires qui ont eu lieu dans les Etats Pontificaux et sur leur repression par les régiments à la solde du Pape. Les agitateurs venus de la Toscane ont fui à l'approche des troupes, les armes avaient été envoyées de la Toscane.

Quant aux horreurs que les révolutionnaires imputent aux troupes à la prise de Pérouse, il faut dire qu'on tirait sur les régiments de chaque maison, de chaque fenêtre, que les femmes et les enfants faisaient pleuvoir sur les soldats tout ce qui pouvait les tuer ou les blesser, qu'on a dû prendre chaque maison d'assaut et que tout ce qui était dans les maisons, vieillards, femmes, enfants, tiraient ou lançaient des projectiles.

Comme toujours (nous l'avons vu à Paris), les révolutionnaires font grand bruit des malheureux qu'ils poussent en avant et qui succombent dans la lutte. Demander aux soldats d'épargner la vie des gens qui les fusillent du haut de leurs maisons, on sent que cela n'est pas possible.

L'affaire, ou comme disent les Piémontais, le massacre de Perouse est une de ces lâches accusations à l'usage des agitateurs vaincus.

Le Cavour et son roi de Piémont, dictateur pendant la guerre, sont des plaisanteries trop prolongées. D'ailleurs, l'Empereur en entrant en Italie, a proclamé deux choses : le respect de la neutralité du Pape, et le respect de sa puissance temporelle. Pourquoi vouloir introduire la dictature du Piémontais? C'est qu'à l'abri de cette dictature, d'un bout de l'Italie à l'autre, on travaillera le *libre vœu* des populations .... c'est se moquer du monde.

Benedetti me racontait dimanche une histoire de Malakof, ambassadeur vraiment curieux.

Il reçoit une dépêche chiffrée qui lui ordonne de dire telles et telles choses au *foreing office*. Que fait mon diplomate, il ne *dit pas*, mais il traduit la dépêche chiffrée et envoie la traduction. Le ministre anglais comprit la bêtise de Malakof, et comme il s'était déjà procuré la dépêche chiffrée, il eut la clef du chiffre français, ce qui explique la publication de certains documents diplomatiques dans ces derniers temps. Il a fallu changer le chiffre.

Disons un mot de l'armée sarde, non pour diminuer sa valeur, mais pour rendre à chacun le sien. Les Sardes ne sont que trop portés à s'attribuer tout l'honneur de la bataille.

A la bataille de Solferino ils battaient en retraite et s'en allaient on ne sait où sans nos régiments qui les ont secourus. Je note ceci, parce que je me souviens de ce que les Anglais ont osé imprimer dans leurs journaux indiens, que sans eux nous étions perdus devant Sébastopol.

Cavour en viendra peut-être là ! . . . la France ouvre et conquiert l'Italie, elle en chasse les Autrichiens. Hommes ou argent, elle n'épargne aucune de ses richesses. Quand les jours de paix viendront, Cavour n'aura plus rien à attendre de la France; il lui faudra l'Alliance de l'Angleterre pour la naissante marine italienne; alors la France sera sacrifiée. Nous préparons à nos dépens la grandeur de Cavour et du Piémont.

L'Italie n'était une force pour personne, dans dix ans elle en sera une aux mains de nos ennemis.

MARDI 5 JUILLET.

Les journaux contiennent les rapports officiels des différents corps d'armée à la bataille de Solferino.

Parmi les généraux morts on regrette surtout Auger et Dieu.

Le gouvernement a fait hier insérer une réfutation du *Siècle* dans le *Moniteur*. Le *Siècle* attaque le pouvoir spirituel et le pouvoir temporel du Pape d'une façon inconvenante. Le gouvernement se déclare toujours le soutien du Souverain Pontife.

Avant-hier l'Impératrice a commis ou laissé commettre deux inconvenances qui froissent bien des gens. Voici ce dont il s'agit:

Au cortége pour se rendre à Notre-Dame, les voitures de la princesse Sophie et de la Princesse Mathilde n'étaient pas précédées d'un piquet de cavalerie, elles étaient sur le même rang que les voitures des officiers de la maison, et il n'y avait pas d'écuyer à la portière !

Dans Notre-Dame, la demoiselle Pepa, femme de chambre de l'Impératrice, était placée à côté de la princesse d'Essling, touchant les ministres et le président du Sénat, en société avec toutes les dames de la cour.

J'ai fort engagé la Princesse Mathilde à ne pas subir de pareilles impertinences et à protester. Je lui ai même donné le conseil, si on persiste, de se retirer de toute cérémonie. Elle n'aura pas le courage de le faire.

Quant aux personnages qui souffrent la demoiselle Pepa au milieu d'eux, j'ai déclaré que c'était une action de couardise que de ne s'être pas éloigné.

On est généralement si plat ! ni la cour de Louis XIV ni la cour de Louis XV n'eussent souffert telles insolences.

La princesse Clotilde donne dans la dévotion exagérée et affecte une insolence hautaine qui va mal à notre nation.

JEUDI 7 JUILLET.

Les Piémontais ont commencé le siége de Peschiera. Le corps du prince Napoléon se porte vers Mantoue et le reste de l'armée française se dirige vers Vérone.

L'armée Autrichienne est massée derrière l'Adige.

On écrit de Vienne à la *Gazette d'Elberfeld* que dix mille Français ont débarqué à Lussin Piccolo, port de l'île de Lussin située dans le golfe de Fiume sur la côte de l'Istrie. L'Autriche redoute l'invasion de la côte Dalmatique en raison de sa proximité des provinces Slavo-Magyares où règne une assez vive agitation.

Les Etats du Pape sont de plus en plus agités, la junte de Bologne appelle les populations aux armes contre les troupes du Souverain Pontife.

On paraît craindre que la mission du chevalier d'Azzeglio qui est parti pour la Romagne, soit peu en rapport avec les promesses faites au début de la campagne.

La Chambre des Lords et celle des Communes d'Angleterre ont retenti de vifs discours contre la France prononcés par quelques-uns des organes du parti Tory, Lord Lyndhurst, Lord Straford de Redclif et Monsieur Polk.

La cité de Londres s'en est émue.

Nous avons en avril dernier remporté une victoire en Cochinchine sur l'armée Annamite.

La Prusse demande à la diète la réunion à l'armée Prussienne des 9e et 10e corps d'armée fédérale, et le commandement en chef sans contrôle de toutes les forces déjà mobilisées, ou qui seraient ultérieurement mises sur pied.

Telle est la situation fort tendue, et tout le monde est dans l'attente, on ne croit pas cependant à la guerre contre l'Allemagne; on ne peut s'imaginer qu'elle devienne agressive pour conserver l'Italie à l'Autriche.

Le trouble produit dans les Etats Romains par des agents Toscans et dont il ne paraît que trop certain que le prince Napoléon a été l'instigateur, est une mauvaise chose; c'est un élément révolutionnaire qui lève son drapeau, nous n'en avions certes pas besoin.

J'ai visité aujourd'hui l'Exposition des tableaux, j'en ai rarement vu une plus misérable. Le tableau d'Isabey est au-dessous du mauvais, les Yvan ne sont pas forts, les tableaux de genre, les paysages et les portraits sont lamentables.

SAMEDI 9 JUILLET.

L'empereur d'Autriche a fait demander à l'Empereur Napoléon une suspension d'armes qui a été accordée. Des commissaires ont été nommés pour en régler les conditions.

Sur cette nouvelle publiée avant-hier soir dans un supplément du *Moniteur*, tous les esprits se sont ouverts aux espérances de paix et la Bourse a fait hier 2 francs 60 centimes de hausse.

Cependant le *Moniteur* a soin de prévenir le public qu'il aurait tort de se confier trop complètement à de telles espérances.

On ignore encore ce qui a pu amener l'Autriche à faire cette démarche, et ce qui a pu engager l'Empereur Napoléon à la bien accueillir.

Toujours est-il que cet armistice va donner le temps à la diplomatie de tenter une conciliation difficile sans doute en présence des intérêts politiques de l'Autriche, de l'ambition du Piémont et de la surexcitation italienne.

On prétend que l'Empereur d'Autriche s'est effrayé de la situation de la Hongrie, du mouvement insurrectionnel qui y est à craindre, et que d'un autre côté l'Empereur

Napoléon craint le réveil des mauvaises passions révolutionnaires en Italie.

Ces bruits ne sont que des conjectures; nous saurons peut-être bientôt à quoi nous en tenir, et démêler les véritables causes de cette facilité faite par les parties belligérantes aux pacificateurs de reprendre leur œuvre.

DIMANCHE 10 JUILLET.

L'armistice est signé et doit durer jusqu'au 15 août.

MARDI 12 JUILLET.

L'Empereur a adressé un ordre du jour à ses soldats daté de son quartier général de Valaggio 10 juillet :

« Soldats !

« Une suspension d'armes a été conclue le 8 juillet « entre les parties belligérantes jusqu'au 15 août prochain. « Cette trêve vous permet de vous reposer de vos glorieux « travaux, et de puiser, s'il le faut, de nouvelles forces « pour continuer l'œuvre que vous avez si bravement inau- « gurée par votre courage et votre dévouement.

« Je retourne à Paris et je laisse le commandement « provisoire de mon armée au maréchal Vaillant, major- « général. Mais dès que l'heure des combats aura sonnée « vous me reverrez au milieu de vous pour partager vos « dangers. »

« Napoléon. »

Hier, 11 juillet, une entrevue a eu lieu entre les deux Empereurs à Villafranca; que résultera-t-il de cette entrevue?

Le général Fleury envoyé en parlementaire auprès de l'empereur d'Autriche en a été parfaitement accueilli, et a eu l'honneur de dîner avec ce souverain qui lui a dit dans la conversation que la bataille de Solferino coûtait 50,000 hommes à l'Autriche.

Un seul hôpital à Vérone contient 700 officiers.

J'ai beaucoup causé dimanche avec la Princesse Mathilde et Benedetti, directeur des Affaires étrangères.

L'armistice ne les étonne pas; l'Empereur trouve l'Italie différente de ce qu'on la lui représentait; cet enthousiasme qui devait opérer des prodiges n'existe pas; les Italiens sont divisés, et la fantasmagorie de Cavour fait place à une triste réalité. Si l'Italie était *réellement* consultée sur ses destinées futures, ce serait un chaos.

Cavour a fait de concert avec le prince Napoléon le mouvement révolutionnaire dans les Etats du Pape; ils ont ressuscité l'élément révolutionnaire et le Piémont envoie des commissaires dans les Etats du Pape.

L'Empereur Napoléon sait aujourd'hui ce qu'il faut penser de tout ce monde.

Malheureusement, lui si décidé et si ferme n'aura pas la volonté de faire arrêter le prince Napoléon et de le faire détenir en lieu sûr.

Le prince méprisé et méprisable, qui a employé toute son habileté à ne point paraître sur un champ de bataille en Italie, est l'ennemi de l'Empereur qu'il trahit toujours et partout. Cet ignoble personnage voulait que sa maîtresse vînt le retrouver en Italie!... C'est toujours cette maîtresse à laquelle, bas voleur, il a donné l'argent que l'Etat lui accordait pour la corbeille de sa femme.

Piétri, l'ancien préfet de police, est en Italie l'agent révolutionnaire du prince.

L'Empereur a trop vu dans l'intérêt de quelles gens il travaillait et d'un autre côté, il n'aura pas voulu forcer l'Autriche à s'amoindrir dans la Confédération germanique devant la Prusse dont l'inimitié et les prétentions sont trop dévoilées. L'Empereur sait qu'il y a *peut-être* une Italie, mais il n'y a pas d'Italiens!

C'est un rêve que Cavour a voulu transformer en réalité au profit de l'ambition de la maison de Savoie.

L'Empereur sera de retour sous peu de jours et on espère quelques changements dans les ministères. On parle de Walewski pour remplacer au Ministère d'Etat Fould qui serait remercié. Cet insolent drôle n'est maintenu jusqu'à présent que grâce à l'Impératrice qui a fait la sottise de lui emprunter 600,000 francs qu'elle a envoyés en Espagne, à sa sœur la duchesse d'Albe, *qui en avait besoin*. Les 600,000 francs sont remboursés et l'insolence du drôle a besoin d'être enfin réprimée.

Après avoir fait du fils qu'il a de Mme Soubeyran un chef de cabinet de son Ministère, il vient en faire aujourd'hui un sous-directeur de la Banque. Il a déjà donné à Soubeyran père la recette générale de Nancy!!!

Puis, comme Mme Soubeyran (Mlle de Rovigo) a pour sœur la baronne de Serlay, dame d'honneur de la Princesse Mathilde, il a fait donner à cette dame 5000 francs de pension par l'Empereur, sous le prétexte qu'elle est sans fortune. Monsieur de Serlay a laissé 14,000 francs de rente et Madame de Serlay a 8000 francs comme dame d'honneur !!

La Princesse Mathilde n'a su que longtemps après toutes ces saletés, elle a éclaté, a tout dit à l'Empereur et traité rudement sa dame d'honneur, puis tout s'est apaisé.

Nieuwerkerke qui ne voit qu'une chose à sauvegarder vis-à-vis des puissants, fait commettre à la Princesse une foule de petites lâchetés, il défend contre elle, en ce moment Fould et Le Fuel. Mais quelquefois la nature fière et généreuse de la Princesse l'emporte, et dimanche dernier, comme Nieuwerkerke lui reprochait de s'être compromise en exposant deux aquarelles et lui disait qu'il s'était opposé à une mention favorable qu'on voulait lui décerner parce qu'elle ne devait pas être confondue avec les artistes.

« Sachez, » a répondu vivement la Princesse, « que je « ne suis pas de ces gens qui sont plus glorieux d'une « clef de chambellan cousue à leur derrière que d'une « distinction accordée à un mérite réel. »

Nieuwerkerke qui vient d'être fait chambellan et qui traîne partout où il le peut son habit rouge, a empoché le compliment, et il a passé sa journée à jouer au Loto avec Aragol qui l'épie en faisant des calembours.

Le soir, Clément de Ris est venu faire une visite à la Princesse, il a été aussi plat qu'à l'ordinaire, ne s'adressant jamais à Nieuwerkerke qu'en lui disant : *Monsieur le directeur ;* Madame de la Roncière, sœur de ce courtisan, ne cesse de dire à Nieuwerkerke : Mon frère n'avance pas. L'idée pourra venir de lui donner ma place.

Lorsque le dit Clément est parti, la Princesse a ainsi formulé son opinion sur lui : « Ce Clément de Ris est bête « comme une oie, sot et ennuyeux comme la pluie. » Voilà cependant de quelles gens Nieuwerkerke compose sa cour. Soulié, Chennevières et Clément de Ris !!!

Villot a échoué dans sa candidature à l'Académie, il a eu trois voix et Reiset s'est écrié : « C'est une insulte « au Musée ... *Je doute* si j'oserai *me présenter !!* » triple faquin.

MERCREDI 13 JUILLET.

Une dépêche télégraphique d'hier annonce que la paix a été signée à Villafranca entre l'Empereur des Français et l'empereur d'Autriche.

L'empereur d'Autriche cède ses droits sur la Lombardie à l'Empereur Napoléon qui les abandonne au roi de Piémont.

Le Pape devient président *honoraire* d'une Confédération Italienne. L'Autriche conserve comme membre de cette Confédération la Vénétie. Une amnistie générale est prononcée. Hier et aujourd'hui, tout le monde est dans la joie, le cri de : « Vive l'Empereur ! » part de tous les cœurs, sort de toutes les bouches.

Cette paix déconcerte l'Allemagne, contrarie quelque peu l'Angleterre et froisse nos Orléanistes ainsi que nos légitimistes.

L'Empereur a fait de grandes choses et une grande chose. Que va maintenant devenir l'Italie ?

La dépêche ne dit pas ce qu'il adviendra de la Toscane, de Parme, de Modène et des légations.

La présidence honoraire accordée au Pape, si on entame son pouvoir temporel est une dérision.

Si le Piémont est agrandi de la Lombardie, c'est bien !... mais si on laisse l'ambitieux Cavour maître dans tous les Etats envahis par le Piémont, avec l'aide de nos armées, l'Italie sera de nouveau bouleversée avant un an.

Il est à croire que nous n'avons encore qu'une esquisse du traité qui aura dû parer à toutes ces éventualités. La façon dont Cavour a fait agir la révolution dans les Etats du Pape, ne me rassure pas, car c'est avec ces Toscans qu'on y a fait des manifestations, et c'est avec des calomnies qu'on a cherché à justifier l'insurrection de Pérouse.

Nous saurons avant peu à quoi nous en tenir sur tout cela. L'Empereur sera acclamé à Paris par l'enthousiasme de toute la population.

Le prince Napoléon a des millions de mépris qui l'y attendent.

JEUDI 14 JUILLET.

Comme je l'avais prévu, beaucoup de gens sont désappointés par la paix ; la Prusse et l'Angleterre se montrent surprises et parmi nos journaux, le *Siècle* et la *Presse* déguisent mal leur dépit, grâce à Monsieur de Cavour et au prince Napoléon, l'élément révolutionnaire allait jouer sa partie, on espérait un peu de République et le renversement du Pape ! . . . tout manque à la fois.

L'Empereur n'est pas arrivé comme je le croyais. Monsieur de Cavour a donné sa démission qui a été acceptée, je pense qu'enfin le renard est à découvert; ses menées révolutionnaires dans les Etats de l'Eglise sont connues, il n'était plus supportable, c'est lui qui de concert avec le prince Napoléon a envoyé dans les légations tous les chefs révolutionnaires de 1848, et je ne serais pas étonné s'il se trouvait compromis dans la révolte des Suisses à Naples.

Il est de mode aujourd'hui de flétrir les hommes qui vont servir un souverain étranger, mais les émeutiers cosmopolites sont des héros!! détrôner un roi est une œuvre pie; aider à le raffermir sur son trône est une action infâme!

Notre bête de public, prétendu libéral, commence à blâmer la paix; on entend retentir autour de soi : L'Empereur aurait dû prendre Peschiera, Vérone, Mantoue et Venise, etc..... Nos bourgeois sont stupides comme toujours.

Le prince Napoléon a osé faire un rapport sur la conduite militaire et politique de sa division.

L'Empereur devrait comprendre combien la France est lasse d'un pareil drôle.

MARDI 19 JUILLET.

J'arrive de St-Gratien où j'ai trouvé la Princesse Mathilde qui revenait de St-Cloud.

L'Empereur y est arrivé dimanche matin à 10 heures par le chemin de fer et il est descendu de wagon dans le haut du parc à la grande grille située non loin de la porte Jaune.

Les princes et les princesses de sa famille, les ministres, les officiers de sa maison l'attendaient.

Il semblait un peu fatigué et son visage est très bruni.

Il paraît très peu charmé des Italiens quoiqu'il ne s'ouvre que difficilement sur ce sujet. On apprend plutôt sa pensée par son entourage que par ce qu'il dit.

Messieurs les Italiens qui n'ont rien fait pour aider leurs *libérateurs,* auraient voulu que la France, au risque d'une guerre générale, continuât la guerre jusqu'à complète évacuation de l'Italie par les Autrichiens. Cavour soulevait l'élément révolutionnaire et nous allions nous trouver avec l'Allemagne devant nous et la révolution derrière nous; les princes italiens chassés de leurs Etats, le Pape renversé, et tout cela au profit de Monsieur de Cavour et des intérêts révolutionnaires. La paix froisse les révolutionnaires et le Piémont ne se montre pas complètement satisfait, il voulait l'Italie entière; à Florence le commissaire Sarde proteste contre la paix; à Milan, la veille du retour de l'Empereur on avait couvert de crêpes les drapeaux français; à Turin, chez les marchands de gravures, le portrait de l'Empereur Napoléon avait disparu des étalages pour faire place à celui d'Orsini!!

Tous ceux qui reviennent d'Italie sont unanimes pour déclarer qu'il n'y a rien à faire pour les Italiens; dans deux mois ils seront aux prises entre eux. La révolution va d'abord essayer de s'opposer au retour du grand-duc de Toscane, du duc de Modène, de la duchesse de Parme; Bixio prétendait hier que le Piémont ne rendrait pas les légations au Pape, qui n'en conserverait que la souveraineté nominale et que Parme resterait définitivement joint au Piémont. Nous saurons bientôt à quoi nous en tenir, car la France, l'Autriche et le Piémont vont se réunir en Suisse pour convenir du traité de paix définitif.

Nos badauds de France et nos *libéraux* sont mécontents, ils disent qu'ils auraient voulu la guerre à outrance ! ... hier, ils maudissaient la guerre, et ils trouvaient lourds les sacrifices qu'elle impose. Beaucoup de gens espéraient que la chûte de l'Empereur sortirait d'une guerre générale et c'est pourquoi ils sont fort mécontents de la paix.

L'Angleterre est furieuse de la modération de l'Empereur et la Prusse accusée par toute l'Allemagne, est mécontente de n'avoir pas su prendre un parti. Dans Paris, on cherche à colérer le peuple des faubourgs, à ressusciter en lui ses mauvaises passions, déjà dans le faubourg St-Antoine des proclamations de l'Empereur ont été déchirées. La situation actuelle offre de grandes difficultés.

Le prince Napoléon voyage en Suisse avec quelque p...., et il est le premier à déclarer que les Italiens sont de la canaille.

Le comte Arese n'a pu remplir la mission que le roi de Piémont lui avait donnée de former un Ministère et c'est Rattazzi de la nuance Cavour qui est chargé de ce soin. Dans trois mois, Cavour sera rentré et alors comme je l'ai dit, le Piémont deviendra notre ennemi et l'Angleterre se rapprochera de Monsieur de Cavour.

J'ai dîné avec l'abbé Laine, aumônier de l'Empereur, et qui a fait toute la campagne ; il dit que l'armée autrichienne est dans un état effrayant, décimée par le feu, elle a été chassée de ses abris, les forteresses du fameux quadrilatère, par la peste et le choléra, et maintenant elle cherche à se refaire dans les montagnes du Tyrol.

La reine de Portugal est morte en quelques heures dans la nuit du 16 au 17 d'une angine couënneuse; le premier mari de sa belle-mère, la reine Dona Maria, était mort de la même maladie. La jeune reine qui vient de mourir était une princesse de Hohenzollern-Sigmaringen, charmante et d'un caractère doux et agréable, aimant comme le roi son époux, la vie intérieure intime; ce couple royal vivait fort heureux et très uni. Née le 15 juillet 1835, mariée le 29 avril 1858, cette pauvre reine meurt après 15 mois de mariage à l'âge de 24 ans.

Voici l'ordre du jour de l'empereur d'Autriche à son armée :

« Appuyé sur mon bon droit, j'ai engagé la lutte pour « la sainteté des traités, comptant sur l'enthousiasme de « mes peuples, sur la vaillance de mon armée et sur les « alliés naturels. J'ai trouvé mes peuples prêts à tous les « sacrifices; de sanglants combats ont de nouveau montré « au monde l'héroïsme de ma brave armée, et son mépris « de la mort, combattant contre un ennemi supérieur en « nombre, après que des milliers d'officiers et de soldats « ont scellé de leur sang leur fidélité au devoir, elle reste « ferme, courageuse, inébranlable, et attend avec joie la con- « tinuation de la lutte; sans alliés, je ne cède qu'aux cir- « constances malheureuses de la politique en présence des- « quelles mon devoir était avant tout de ne plus verser « inutilement le sang de mes soldats, de ne plus imposer « à mes peuples de nouveaux sacrifices. Je conclus la paix « en la basant sur la ligne du Mincio. Je remercie mon « armée de tout mon cœur; elle m'a montré de nouveau

« que je puis compter sur elle d'une manière absolue pour « les combats à venir.

« Vérone, le 12 juillet 1859.

« François-Joseph. »

Le commissaire Sarde *Boncompagni* a fait insérer dans le *Moniteur Toscan* la proclamation suivante:

« Toscans!

« Les nouvelles d'événements qui trompent les plus « belles espérances remplissent de douleur toutes les âmes; « le gouvernement partage votre consternation, mais nous « ne devons pas nous y abandonner; il nous faut attendre « le récit des faits dont les détails sont encore inconnus. « Nous devons nous serrer ensemble pour prouver par « notre fermeté que nous sommes dignes d'être citoyens « d'une patrie indépendante et libre. Tant que cette fermeté « nous restera, nous n'aurons pas perdu nos espérances. « Nos envoyés vont partir pour Turin afin de savoir le « véritable état des choses. La manifestation de la douleur « aujourd'hui ne serait qu'une aggravation du mal. Con- « servons l'ordre plus que jamais nécessaire pour le salut « de la patrie. Demain s'assemblera la Consulte; avec « elle le gouvernement élèvera la voix de la Toscane, la « faisant entendre à Victor-Emmanuel en qui repose toute « notre confiance.

« La Toscane ne sera pas contre sa volonté et ses « droits, replacée sous le joug et l'influence de l'Autriche.

« Florence, le 13 juillet 1859.

« *Le commissaire extraordinaire du roi Victor-* « *Emmanuel durant la guerre de l'indépendance:*

« C. Boncompagni. »

Les journaux apportent la nouvelle qu'à peine en possession de la Lombardie, le Piémont a confisqué les biens de l'ordre des jésuites ! Ce petit vol est si commode, on ne confisquerait pas les biens d'une Académie .... la philosophie pousserait des hurlements de vengeance; mais les biens d'un ordre religieux !! et surtout dans les circonstances actuelles; la France donne au Piémont un Etat qui lui est abandonné par traité de paix; dans cet Etat les jésuites possèdent régulièrement; mais le Piémont reconnu souverain confisque. Vivent les gouvernements philosophes !

En Italie, le peuple des campagnes voit avec indifférence les agitations de Messieurs les avocats et de tous ces *nobillons* qui tiraient la langue, lorsqu'un Autrichien était passé depuis cinq minutes.

Il n'est pas venu au quartier général français un seul paysan donner des renseignements sur la marche des Autrichiens. Le noble Italien est toujours une sorte de capitaine Fracasse et quant au bourgeois Italien des villes, c'est un bon petit révolutionnaire qui adore un Dieu en deux personnes: Mazzini et Orsini !!!

Nous verrons ce que toutes ces canailles-là sauront faire !!

MERCREDI 20 JUILLET.

Le parti Piémontais et le parti révolutionnaire s'agitent beaucoup en Toscane dans les légations, dans les duchés de Parme et de Modène. Ils veulent arriver par le renvoi des anciennes dynasties, ici à l'annexion au Piémont, là à une république.

Je crains fort qu'avant six mois il n'y ait un affreux gâchis en Italie. La main de Cavour fait mouvoir tous les fils de toutes ces intrigues. Cavour voudrait fort être président de la Confédération Italienne, son amour ardent pour l'Italie n'est qu'une immense ambition. Cavour a une énorme fortune au service de ses menées.

L'Angleterre et la Prusse nous prennent en défiance extrême; dans ces deux pays on prétend que l'Empereur Napoléon III arrive à créer la grande alliance continentale des trois empereurs.

VENDREDI 22 JUILLET.

Mardi le 19, l'Empereur a reçu à St-Cloud les trois grands corps de l'Etat et répondant aux discours qui lui ont été adressés par les présidents, il leur a dit :

« Messieurs,

« En me retrouvant au milieu de vous qui pendant « mon absence, avez entouré l'Impératrice et mon fils de « tant de dévouement, j'éprouve le besoin de vous remer- « cier d'abord, et ensuite de vous expliquer quel a été le « mobile de ma conduite.

« Lorsqu'après une heureuse campagne de deux mois, « les armées Françaises et Sardes arrivèrent sous les murs « de Vérone, la lutte allait inévitablement changer de na- « ture, tant sous le rapport militaire que sous le rapport « politique. J'étais fatalement obligé d'attaquer de front

« un ennemi retranché derrière de grandes forteresses, « protégé contre toute diversion sur ses flancs par la neu- « tralité des territoires qui l'entouraient, et en commen- « çant la longue et stérile guerre des siéges, je trouvais « en face l'Europe en armes, prête, soit à disputer nos « succès, soit à aggraver nos revers.

« Néanmoins la difficulté de l'entreprise n'aurait ni « ébranlé ma résolution, ni arrêté l'élan de mon armée, « si les moyens n'eussent pas été hors de proportion avec « les résultats à attendre. Il fallait se résoudre à briser « hardiment les entraves opposées par les territoires neu- « tres et alors accepter la lutte sur le Rhin comme sur « l'Adige. Il fallait partout franchement se fortifier du « concours de la révolution. Il fallait répandre encore un « sang précieux qui n'avait que trop coulé déjà. En un « mot pour triompher il fallait risquer ce qu'il n'est per- « mis à un souverain de mettre en jeu que pour l'indé- « pendance de son pays.

« Si je me suis arrêté ce n'est donc pas par lassitude « ou par épuisement, ni par abandon de la noble cause « que je voulais servir, mais parce que dans mon cœur « quelque chose parlait plus haut encore : l'intérêt de la « France. Croyez-vous donc qu'il ne m'en ait pas coûté « de mettre un frein à l'ardeur de ces soldats qui exaltés « par la victoire, ne demandaient qu'à marcher en avant ? « Croyez-vous qu'il ne m'en ait pas coûté de voir dans « des cœurs honnêtes de nobles illusions se détruire, de « patriotiques espérances s'évanouir. Pour servir l'indé- « pendance italienne j'ai fait la guerre contre le gré de « l'Europe ; dès que les destinées de mon pays ont pu « être en péril ; j'ai fait la paix.

« Est-ce à dire maintenant que nos efforts et nos sacri-
« fices aient été en pure perte? non, ainsi que je l'ai dit
« dans les adieux à mes soldats, nous avons droit d'être
« fiers de cette courte campagne. En quatre combats et
« deux batailles, une armée nombreuse et qui ne le cède
« à aucune en organisation et en bravoure, a été vaincue.
« Le roi de Piémont appelé jadis le gardien des Alpes, a
« vu son pays délivré de l'invasion et la frontière de ses
« Etats portée du Tessin au Mincio. L'idée d'une natio-
« nalité Italienne est admise par ceux qui la combattaient
« le plus. Tous les souverains de la péninsule, compren-
« nent enfin le besoin impérieux de réformes salutaires.

« Ainsi, après avoir donné une nouvelle preuve de la
« puissance militaire de la France, la paix que je viens
« de conclure sera féconde en heureux résultats; l'avenir
« les révèlera chaque jour davantage, pour le bonheur de
« l'Italie, l'influence de la France, le repos de l'Europe. »

Ce discours est noble et beau, et d'une grande loyauté, mais il ne dit pas toute la pensée de l'Empereur.

Il s'est arrêté surtout dans la guerre parce qu'il s'est vu en face de la révolution, et qu'il n'a pas trouvé un peuple; il s'est arrêté parce que Cavour et le prince Napoléon faisaient de la propagande révolutionnaire et qu'ils trouvaient sublime de supprimer la papauté.

Il s'est arrêté enfin parce que les Italiens ne valent pas le sang répandu pour eux.

L'Indépendance Belge affirmait ces jours passés que l'empereur de Russie et l'empereur d'Autriche devaient venir faire une visite cet hiver à l'Empereur Napoléon.

L'Angleterre est toujours furieuse. Elle ne peut admettre la grandeur de la France. Quant à la Prusse elle est assez embarrassée. Tout n'est pas encore fini, il faut attendre la réunion des plénipotentiaires à Zurich. Bourqueney y représentera la France! Toujours des vieillards en avant, de vieux ennemis grimaçant un jeune dévouement!...

Comme échantillon de la reconnaissance des Italiens, nous transcrirons la nouvelle donnée par les journaux en date de Turin 19 juillet: Le gouverneur de la Lombardie a adressé aux journaux une circulaire pour les rappeler au sentiment de la modération. Il avertit qu'il procèdera à la suppression de tout journal qui se permettrait des invectives à l'occasion des derniers événements et qui s'attaquerait à la fois au roi et à son auguste allié.

Le duc d'Abrantés (Junot), lieutenant-colonel d'Etat-major, vient de mourir de ses blessures.

Le général Dieu donne de graves inquiétudes.

A propos de la fameuse affaire de Pérouse, les journaux révolutionnaires ont fait grand bruit d'une protestation du consul des Etats-Unis, qui avait été, disaient ces journaux, accablé de mauvais traitements par les troupes Suisses. Sa famille avait eu également beaucoup à souffrir. Le *Journal de Rome* du 12 juillet répond que le consul des Etats-Unis n'a pu être maltraité et par conséquent n'a pu protester attendu qu'il n'y a jamais eu de consul des Etats-Unis à Pérouse.

Voilà la bonne foi des révolutionnaires Italiens et comment il faut se fier à leurs récits émouvants.

Le prince Napoléon est rentré à Paris, il y a trois jours à 9 heures ½ du soir; il a caché le rayonnement de sa gloire dans les ombres de la nuit. Le prince Jérôme son père s'affaiblit et change de jour en jour; il s'est fait plus vieux et plus cassé depuis un mois, qu'il ne l'avait pu faire dans les dix années précédentes. Mme de Plancy s'inquiète pour elle et pour l'enfant qu'elle a de ce vieillard toujours trop jeune.

On parle pour ambassadeur d'Autriche à Paris, du prince de Metternich.

SAMEDI 23 ~~JANVIER~~ Juillet.

Le corps diplomatique ayant manifesté le désir d'offrir à l'Empereur ses félicitations au sujet de la conclusion de la Paix, a été reçu à St-Cloud.

Le nonce, organe du corps diplomatique, a dit à l'Empereur :

« Le corps diplomatique éprouvait le besoin de demander à Votre Majesté de lui offrir ses félicitations « empressées et sincères pour son heureux retour et la « prompte conclusion de la paix. »

L'Empereur a répondu avec un laconisme empreint d'une tristesse fière et dédaigneuse :

« L'Europe a été en général si injuste envers moi au « début de la guerre, que j'ai été heureux de pouvoir con- « clure la paix dès que l'honneur et les intérêts de la « France ont été satisfaits, et de prouver qu'il ne pouvait « entrer dans mes intentions de bouleverser l'Europe et « de susciter une guerre générale. J'espère qu'aujourd'hui « toutes les causes de dissentiments s'évanouiront et que « la paix sera de longue durée. Je remercie le corps « diplomatique de ses félicitations. »

Ce langage ferme est celui d'un monarque qui tient haut le sceptre et l'épée qui lui ont été remis par la nation. Il connaît les félicitations qui lui sont adressées et ce qu'elles valent, et il ne s'est point abaissé à paraître ignorer dans une occasion solennelle, le mauvais vouloir de tous les souverains, dont les ambassadeurs venaient le complimenter.

Lord Palmerston et Lord John Russel veulent bien dans le Parlement Anglais se faire les cautions de l'Empereur, . . . *c'est un bon et fidèle allié!* disent-ils, mais, est-on en droit de leur répondre: Etes-vous de bons et sincères alliés, vous qui abritez ses assassins, vous les surexcitateurs de l'Italie, les prôneurs de la liberté, les faiseurs d'ovations à tous les révolutionnaires Romains, Napolitains, Toscans, Lombards, etc. . . . et qui abandonnez *votre allié* lorsqu'il délivre l'Italie? . . . Non! vous êtes des exploiteurs; notre concours vous a été *utile* en Crimée, sans nous vous échouïez dans cette guerre où votre intérêt était plus grand que le nôtre, vous restez neutres quand nos armées marchent à la délivrance de l'Italie. Dans ce malheureux pays, deux questions ont pour vous quelque importance: le renversement de la Papauté, influence Catholique et Française qui déplaît aux puritains anglais, l'absorption du royaume des Deux Siciles, dont le commerce de l'Angleterre réclame en quelque sorte la confiscation déguisée.

Peu importe à l'Angleterre le reste de l'Italie. Monsieur Disraéli voudrait que le gouvernement français diminuât ses armements pour prouver son désir de la paix, et chaque jour le parti Tory presse l'Angleterre d'augmenter ses armées et ses vaisseaux, de garnir ses côtes de batteries. Malte est comme en état de guerre ; Gibraltar est hérissé de canons, on renouvelle aux navires marchands l'injonction d'avoir un armement de sûreté.

La France doit mettre sa marine sur le même pied que celle de l'Angleterre, non-seulement par le nombre des bâtiments, mais encore par les approvisionnements des chantiers et des arsenaux. La marine anglaise est surtout forte parce qu'un échec subi, une perte de vaisseaux peuvent être réparés, grâce aux approvisionnements des arsenaux et aux travaux de construction, en cours d'exécution ; il faut que la France en arrive là et elle est en bon chemin, car l'Empereur lui a fait faire d'immenses progrès dans cette voie.

C'est bien ce qui contrarie l'Angleterre ; nos armées ne lui importent guère, que nous ayons 500,000 hommes sur le Rhin, cette bagatelle n'empêche pas John Bull de dormir, mais que nous ayons de bons vaisseaux et de fortes canonnières à Toulon, à Cherbourg et à Brest, cela le tient en émoi et John Bull aime sa tranquillité. La France devrait diminuer le nombre de ses vaisseaux !!

MARDI 26 JUILLET.

Le duc de Malakoff est nommé grand-chancelier de la légion d'honneur. Je pense que c'est beaucoup pour complaire à sa jeune femme qu'il prend ce poste.

Le prince Napoléon veut aller, dit-on, au Canada ; il est désenchanté des Italiens et désillusionné ; il y avait un moyen de régénérer le monde en le bouleversant par les socialistes; l'occasion est manquée!...

La paix de Villafranca occupe toujours les esprits; y aura-t-il un congrès, n'y en aura-t-il pas? Hier, on affirmait que l'Angleterre viendrait au congrès. Quant aux affaires d'Italie, le Piémont y continue l'agitation et veut se faire voter par ses intrigues les Etats que le traité de Villafranca ne lui abandonne pas; le Piémont joue un rôle sans bonne foi et la paix ne peut être solide, aussi longtemps qu'on le lui laissera jouer. J'ai déjà dit et je le répète que nous nous repentirons de notre intervention. Les pronunciamiente des Toscans, Parmesans, Modènois, contre leurs anciennes dynasties et en faveur du Piémont sont de magnifiques jongleries. 500 habitants de Parme fraternisent avec les Modènois et avec 400 habitants de Reggio!... et tout *cela* passé en revue par le gouverneur Modènois dans la cour du palais aux cris de: *Vive Victor-Emmanuel!* est-ce que nous n'avons pas vu en 1848 des *pronunciamientos* bien plus considérables? Nous savons de quels éléments ils étaient composés. Dans la cour des Tuileries, on a crié: Vive Ledru-Rollin! dans la cour du Luxembourg, on a crié: Vive Louis Blanc!... Ne nous parlez donc pas de l'opinion publique de la rue, de l'honnête enthousiasme de la populace, car elle est partout la même, c'est-à-dire qu'elle appartient à ceux qui la flattent, ou à ceux qui la paient. Ne parlez donc pas des démonstrations suscitées par les commissaires Sardes, et de ces nobles populations qui pour remercier l'Empereur exposaient à Gênes, à Florence, à Milan comme à Turin, le portrait d'Orsini.

Il souffle un singulier vent dans les régions officielles, en présence d'une paix que l'Empereur Napoléon a conclue avec l'Autriche; le journal *La Patrie* insérait hier soir la phrase suivante :

« Le mouvement national de Hongrie ne tend qu'au « rétablissement d'institutions et de lois qui n'ont rien à « démêler avec les utopies modernes. Là ce ne sont pas « des rêveurs incorrigibles qui veulent détruire toute auto- « rité pour mettre à la place la dictature de leurs chi- « mères; ce sont des citoyens qui entraînés par la plus « noble des passions, l'amour de la patrie, se sont faits « les soldats de l'indépendance nationale. Kossuth, Bem, « Klapka, Dembinski n'ont pas été des révolutionnaires, « ils ont été d'illustres patriotes. »

Et ceci, signé par une *espèce* qui a nom Paulin Limayrac, se termine d'une manière non-moins ébouriffante : « Nous dirons un autre jour et avec détails, ce « que l'Autriche aurait à faire pour donner satisfaction « aux aspirations légitimes de la Hongrie. »

Il est à présumer que l'Empereur d'Autriche va se rendre à Paris pour avoir une entrevue avec le *Limayrac.* Voyez-vous Kossuth, Bem, Klapka et Dembinski proclamés par la feuille du citoyen de Delamare, l'autorité légitime Hongroise ! . . .

Il serait temps aussi d'en finir avec la farce des nationalités ! . . . est-ce que les Piémontais et les Lombards sont des races latines ? . . .

Est-ce que l'Angleterre n'a que des Anglais dans son empire, la France que des Français, la Russie que des Russes, la Prusse que des Prussiens ?

Il est temps également d'en finir avec les déclamations contre les Suisses de Naples ou de Rome; toutes les révolutions ont eu leurs légions étrangères et l'Angleterre a recours aux enrôlements à l'étranger. N'y avait-il que des Romains à défendre Rome contre nous? et les agitations dans les Etats du Pape, qui les cause en ce moment? Une autre phrase du journal *La Patrie* pourra également paraître singulière aux puissances Européennes: « Qu'a « de commun la révolution avec un peuple qui ayant « perdu sa nationalité et ses lois, conspire courageusement « pour redevenir lui-même? » Après cela l'Angleterre n'a plus qu'à se retirer des trois quarts de son vaste empire; la Russie, la Prusse en feront autant pour la Pologne, la France pour l'Algérie; la Turquie pour ses possessions Européennes, la Hollande pour ses colonies Indiennes, etc. . . . alors nous aurons un morcellement par nationalités et ce sera superbe.

Que le Limayrac est un grand homme et que le Delamare est un grand prophète!

Dans la politique professée nulle bonne foi; le roi de Piémont seul pour le moment a tous les droits. On raconte avec complaisance qu'il veut en temps de paix une armée de cent mille hommes. Ses commissaires ont partout agité les peuples par des promesses et les portent à demander l'annexion. Le Pape dont Napoléon garantissait la neutralité et l'intégrité du pouvoir temporel est menacé. Le Piémont convoite ses meilleures provinces; le Piémont convoite toute l'Italie, Naples aussi bien que Venise et il arbore le portrait d'Orsini comme remerciement à l'Empereur des Français!

Le Piémont ne veut pas, dit-on, paraître aux conférences de Villafranca, il ne veut point *se compromettre* dans la politique de la France envers l'Autriche; le *roitelet* sauvé par nous ne veut plus de nous. Il y a trois semaines, Cavour conspirait contre la politique de la France, aujourd'hui l'Italie apprend l'ingratitude envers la France, elle ira loin dans cette voie.

Dans un avenir rapproché, je le crois fermement, la grande alliance de l'Italie sera l'Angleterre et alors nous saurons ce qu'a de dangereux l'agrandissement du Piémont, l'essor donné à l'ambition de cette maison de Savoie que surveillaient si attentivement les rois de France.

D'ailleurs, le roi de Piémont et la maison de Savoie ne sont que des simulacres. L'Italie acclame l'annexion du Piémont, le jour où elle sera un fait accompli, nous aurons cette tendance qui ne s'est déjà que trop révélée des Républiques fédératives Italiennes. Cavour détrônera moralement Victor-Emmanuel, puis Mazzini détrônera effectivement Cavour.

Je ne désespère pas de voir dans un *intérêt Européen* l'Angleterre établie en Sicile pour *protéger le réveil des nationalités.* Alors ce jour-là nous aurons *seuls* la guerre avec l'Angleterre qui s'y prépare de longue main en armant d'une manière formidable Malte et Gibraltar, et toujours dans un *intérêt Européen* saturé d'une dose *d'intérêt Indien,* l'Angleterre occupera l'Egypte qu'elle ne lâchera plus.

MERCREDI 27 JUILLET.

Le Piémont se décide à envoyer un plénipotentiaire aux conférences de Zurich! On veut et l'Angleterre qui enverra probablement aussi un plénipotentiaire veut également que l'Autriche n'ait que des soldats Italiens dans la Vénétie; alors la Vénétie serait, on le comprend, à la disposition du Piémont.

Quant à la Toscane, le commissaire Piémontais se retirera au moment des élections! ... superbe comédie! les élections sont préparées par ce commissaire et elles ont lieu avec la loi Piémontaise; c'est-à-dire le suffrage restreint, les villes favorisées au détriment des campagnes!

Dans les légations, même comédie contre laquelle il y a protestation du cardinal Antonelli.

Monsieur Fould n'a pas réussi à faire nommer son bâtard Soubeyran sousgouverneur de la Banque, c'est Monsieur Doyen, receveur général de l'Aube qui remplira cette fonction.

En Angleterre toujours même agitation factice pour persuader au peuple que les armements maritimes de la France doivent inspirer des craintes à l'Angleterre.

Le *Moniteur* répond par des chiffres à ces stupides allégations:

Budget de la Marine Anglaise pour 1859:	*Budget de la Marine Française pour 1859:*
320,000,000 francs,	*123,503,143 francs,*
Guerre: 332,560,000 frs.	*Guerre: 339,458,774 frs.*

Ces terreurs que l'on inspire au peuple Anglais ne sont nullement éprouvées par ceux qui les propagent, mais ils arrivent ainsi à faire accepter par John Bull les dépenses d'armements considérables, et lorsque ces armements seront casés un peu partout dans tous les coins des possessions Britanniques et dissimulés tant bien que mal, le gouvernement Anglais demandera un désarmement général qu'il sera le seul à ne pas exécuter.

L'Angleterre fait dire par ses journaux qu'elle ne détient l'île Périm que pour y construire un phare dans l'intérêt de la navigation, et qu'en fait d'armements il ne s'y trouve que quelques vieux mousquets destinés à repousser les tentatives des Arabes pillards de la côte voisine !

Risum teneatis !

Dans son discours au Corps diplomatique, l'Empereur s'est montré plus vif que ne le laisse paraître le *Moniteur*. Il a dit :

« L'Europe doit être rassurée sur l'alliance et l'en-« tente des grandes puissances ? »

Et l'accentuation donnée à cette phrase semblait dire : la Russie, l'Autriche et la France marcheront désormais d'accord. Du moins telle a été l'impression des auditeurs.

Le grand-duc de Toscane a abdiqué en faveur de son fils.

La régente de Parme a envoyé un des officiers de sa maison porter une lettre à l'Empereur Napoléon ; cet officier a eu, je crois, son audience avant-hier.

A entendre parler les Anglais, c'est une preuve d'intentions hostiles que cette restauration de la marine française entreprise par Napoléon III.

Depuis la grande révolution l'Angleterre possède seule l'empire des mers, et c'est un acte d'allié infidèle que de vouloir la troubler dans son despotisme maritime.

Monsieur Disraëli reprochait, il y a quelques jours, à la France dans un discours prononcé en plein Parlement, le développement excessif de ses armements maritimes et prétendait qu'il dépendait d'elle seule en les réduisant de rendre la sécurité et le calme à l'Europe.

Si l'alliance anglaise ne peut être conservée qu'à la condition de lui abandonner l'empire de la mer, l'alliance Anglaise est une mauvaise chose, car il ne peut exister de grande nation qui ne serait pas puissance maritime.

Notre commerce, nos colonies nous font une obligation de reprendre le rang que nous occupions avant 1789 comme puissance maritime, et tout gouvernement qui se montrera peu soucieux de rétablir la force de notre marine, tombera sous la réprobation de l'opinion publique.

Il paraît décidément que le corps du duc de Reichstadt sera apporté en France.

On parle aussi d'une réunion à Paris des trois Empereurs de France, de Russie et d'Autriche.

SAMEDI 30 JUILLET.

L'Empereur fait annoncer par le *Moniteur* la mise sur pied de paix des armées de terre et de mer, et le Ministère Anglais annonce que l'Angleterre est invitée par l'Empereur Napoléon à prendre part à un congrès relativement aux affaires d'Italie; mais l'Angleterre veut poser ses conditions; la guerre est terminée, elle n'y a pas pris part et elle se proclame la meilleure amie de la liberté Italienne! Les difficultés commencent.

Quant aux comédies, une des meilleures vient d'être jouée à Modène; écoutons le journal *La Patrie* qui se pâme d'admiration :

« Nous recevons une nouvelle importante d'Italie.

« Une dépêche de Turin nous apprend que Monsieur « Farini, gouverneur Sarde du duché de Modène sur l'ordre « reçu de son gouvernement, a retiré aux autorités Sardes « le mandat dont elles avaient été revêtues pour la durée « de la guerre et a remis tous les pouvoirs entre les mains « de la municipalité. La population est aussitôt accourue « à l'Hôtel de Ville et a acclamé de nouveau la dictature « du roi Victor-Emmanuel.

« Monsieur Farini a accepté au nom du roi la régence « provisoire, afin de maintenir l'ordre, et a annoncé la « convocation prochaine d'une assemblée nationale qui « statuera sur le sort définitif du duché. »

La Patrie trouve superbe que la Sardaigne qui convoite le duché de Modène joue cette comédie pour garder la direction des affaires et faire nommer comme à Florence suivant la loi Sarde une assemblée à sa dévotion.

Nous savons trop bien ce que deviennent les élections entre des mains habiles pour croire à leur sincérité.

Je crains les habiletés du Piémont et les insolentes finesses de l'Angleterre.

Nous entrons dans une phase de condescendance aux désirs de l'Angleterre qui produira un mauvais effet en France, je le crains.

Persigny a repris de l'influence.

Les journaux Anglais annoncent l'arrivée dans un port britannique d'un navire venant de Sébastopol avec une cargaison d'ossements. Ces débris des soldats de Traktir et d'Inkerman vont être convertis en noir animal pour l'engrais des terres!...

Quelle impudente profanation!

MARDI 2 AOUT.

La situation politique devient en Europe de plus en plus tendue.

En Italie, les intrigues du Piémont entretiennent une agitation toute révolutionnaire; les commissaires Sardes, soit dans les légations, soit dans les duchés, ont organisé des élections qui produiront un *pronunciamento* en faveur du Piémont; ceci fait, les commissaires se retirent en laissant l'administration aux mains d'un Italien dévoué à la réunion au Piémont.

Le journal *la Patrie* avec cette assurance bête qui le distingue, ne cesse de louer la modération du Piémont qui veut laisser aux populations Italiennes la faculté d'émettre *librement* leurs vœux.

Le Piémont désire que les vœux des peuples soient écoutés; en voici la preuve.

On lit dans *l'Indépendente* sous la date de Turin 29 juillet:

« Il paraît qu'il a été mis en circulation en Savoie « une espèce de pétition ou adresse dans laquelle on de- « mande la séparation de cette province des Etats du roi

« Victor-Emmanuel, et l'on fait des vœux pour qu'elle soit « annexée à la France, mais on a obtenu peu de signa- « tures. Le gouvernement a œil sur ces manœuvres et il « fera respecter les lois et l'intégralité de l'Etat.

« Une lettre de Chambéry du 26 parle de réunions « dans lesquelles on a résolu de présenter une adresse au « roi Victor-Emmanuel; on y traite la question ordinaire « de la séparation de la Savoie du Piémont. Ces menées « ont produit une certaine agitation. »

De par messieurs les révolutionnaires, les *nationalités* doivent être respectées et c'est en vertu de cet axiome qu'ils veulent absorber au profit du Piémont tous les Etats Italiens. D'ailleurs les vœux des peuples seront sacrés et doivent être écoutés.

Il paraît cependant que les Savoyards n'entrent pas dans la catégorie des peuples respectés; ils sont coupables de formuler des vœux, et ils doivent être réprimés. Pourquoi ne sont-ils pas Italiens? . . . Ils sont Français.

Les députés de la Savoie ont fait paraître la déclaration suivante :

« La majorité des députés de la Savoie s'étant réunis « pour conférer des intérêts de leur pays dans les graves « circonstances du moment a préalablement jugé inoppor- « tun de faire aucune démarche pouvant se rattacher à la « question politique et de nationalité qui préoccupe si vive- « ment les esprits. Voulant dès lors se renfermer dans « les limites actuelles du possible, les députés Savoyards « sont convenus que tant que durera le mandat dont ils « sont investis, ils exposeront au gouvernement les besoins « spéciaux qui dérivent de la position géographique et ex- « ceptionelle de la Savoie, de son épuisement, du sentiment

« de son autonomie et chercheront surtout et par tous « leurs efforts à obtenir pour elle la décentralisation ad- « ministrative, la limitation du contingent financier et mili- « taire; le dégrèvement et l'exemption de tous les frais de « guerre, et la mise en œuvre la plus active de tous les « moyens propres à développer en Savoie la richesse na- « tionale.

« Costa de Beauregard, député de Chambéry.

« B. Mollard, député de la Motte.

« De Martinet, député d'Aix.

« Grange, député d'Aiguebelle.

« Carquet, député du Bourg St-Maurice.

« Ginet, député de Rumilly.

« Pelloix, député de Bonneville.

« Mongellaz, député d'Annemasse.

« De la Fléchère, député de Taninge.

« Girod de Montfalcon, député de Duing.

« Chaperon, député du Pont-Beauvoisin.

« Lachenal, député d'Ugine. »

Voilà certes des noms qui sont peu Italiens, qu'en diront les fanatiques de nationalités et que pourra-t-on opposer à ces *Français,* s'ils veulent en vertu du principe de la réunion des nationalités ne pas être cousus à l'Italie?

Une correspondance du journal *l'Indépendance* affirme qu'un congrès démocratique a été tenu à Zurich pendant les fêtes du tir fédéral. Il y avait des Français, des Allemands et des Italiens. Après de longues discussions il a été décidé que l'agitation serait entretenue en Italie, et une instruction signée des chefs Italiens pour la conduite à tenir en cas de lutte armée, va être répandue à profusion.

Mazzini recommence l'envoi de proclamations; dans sa dernière, il annonce de graves événements qui auront lieu prochainement en Europe; il accuse l'Empereur Napoléon d'avoir abandonné la cause des peuples pour soutenir celle des rois.

L'Italie toute entière est agitée; le Piémont y continue son grand jeu de l'expulsion des princes pour régner seul, et du dépouillement du Pape qu'on avait déclaré neutre et dont l'Empereur voulait augmenter la puissance.

La situation est donc très embrouillée, mais nous envoyons pour tout arranger un gros garçon peu considéré, sorte de bouffon qu'on nomme le comte de Reiset! excusez du peu! Ce comte est un petit plébeien, fils d'un financier qui s'est fait faire comte par le roi Louis-Philippe; ses frères sont restés Reiset tout court.

Or le dit comte de Reiset, fort médiocre personnage, sans grande portée d'esprit, sans instruction et sans bonnes façons, est en Italie chargé de faire entendre raison à tout le monde. Le comte de Reiset *fait rire les Walewski par ses bouffonneries et il a épousé la fille d'une dame de l'Impératrice!* De plus, il a été *camarade* de je ne sais pas quoi, avec le roi de Sardaigne et il se croit certain de mener ce monarque.

Voilà le Reiset; c'est un grand homme! ... du tout c'est un gros farceur.

En Angleterre, on nous dit toutes sortes d'injures, on recommence à vouloir nous traiter en vassaux de telle sorte que nos oreilles s'échauffent. Les journaux étrangers soufflent le feu et prédisent qu'une guerre est imminente entre les deux *alliés!*

Le 29 juillet, Lord Lovaine a dit dans la Chambre des communes:

« Le gouvernement manquerait à son devoir s'il effec-« tuait une réduction quelconque dans les armements du « pays avant d'avoir reçu de l'Empereur une promesse « bien positive que non seulement il désarmerait ses « vaisseaux, *mais encore qu'il n'en ferait point construire « d'autres.* »

M. Horsman a dit:

« Je blâme la négligence des gouvernements précé-« dents qui n'ont pas demandé que les préparatifs mena-« çants de la France soient arrêtés. »

Dans la même séance, Lord Palmerston a répondu de la manière suivante à l'initiative de désarmement prise par l'Empereur Napoléon:

« Nos arrangements militaires et maritimes doivent « dépendre non pas de ce qui est fait par une puissance « quelconque, mais de ce que le gouvernement responsable « du pays peut de temps à autre juger nécessaire pour la « protection des divers intérêts qu'il a le devoir de dé-« fendre. »

Nous sommes de l'avis de Lord Palmerston et nous pensons que le gouvernement Français ne doit consulter que l'intérêt de la France dans la question du désarmement. Ainsi nous croyons qu'il n'est pas de l'intérêt de la France de diminuer la flotte, qu'elle doit au contraire la mettre de plus en plus en état de ne pas craindre celle de l'Angleterre.

Résumé: les relations sont très tendues avec l'Angleterre.

En Italie, le Piémont remue tout parce qu'il veut tout envahir.

L'Allemagne est agitée.

Enfin la paix n'a pas amené la paix

Le comte de Morny, président de la loterie de l'Exposition et qui avec l'argent de l'Exposition a *généreusement* payé les œuvres acquises, s'est montré moins *grand seigneur* lorsqu'il a racheté pour son propre compte de quelques favorisés de la fortune, les lots qu'ils avaient gagnés. Les agents du comte de Morny ont eu l'impudeur de proposer l'acquisition de certains lots à un prix réduit de moitié.

Monsieur le comte de Morny qui achetait *sans contrôle* les objets d'art formant les lots de la loterie, ne les estime plus que la moitié de ce qu'il les a acquis lorsqu'il traite pour lui même ! ... ceci est ignoble.

Baroche qui avait déjà tant fait crier pour la nomination d'emblée de son *très jeune* fils à la recette de Mantes (recette particulière) vient de le faire pourvoir d'une recette générale !

Mantes espère que le convoi de 4 heures 1/2 établi de Mantes à Paris pour voiturer chaque jour le jeune et intéressant Baroche vers son *papa* désintéressé ne sera pas supprimé, mais l'administration du chemin de fer espère au contraire pouvoir supprimer ce convoi qui troublait l'ordre des services réguliers.

Vous avez été assez Jacobin, mon bon citoyen Baroche pour vous être égosillé contre tous les pouvoirs ; vous étiez sublime de désintéressement quand vous n'aviez rien à refuser et rien à prendre.

Citoyen Baroche, vous engraissez beaucoup en pratiquant le népotisme le plus honteux.

Citoyen Baroche, vous êtes un braconnier de places et votre conscience... citoyen, il vaut mieux n'en pas parler, nous avons cru un moment en vous ce qui prouve que nous sommes encore plus oie que Madame votre femme.

VENDREDI 5 AOUT.

L'Italie, comme on le sait, est laissée à son libre jugement, elle va prononcer sur ses destinées, libre de toute influence!

Voici la suite de la comédie qui s'y joue:

« A Bologne, le 2 août, les commissaires Sardes avaient « remis leurs pouvoirs.

« La proclamation du marquis d'Azeglio annonçant sa « retraite recommande l'ordre aux populations, promettant « au nom du roi d'employer tous ses efforts à obtenir le « concours des gouvernements de l'Europe pour la réali« sation de vœux justes et raisonnables. »

On sait que dans les Etats qui vont par des élections se prononcer pour ou contre le système Sarde tout avantage est fait aux villes et à la bourgeoisie. Il faut savoir lire et écrire pour voter!... d'un trait de plume parti ou tracé de la main d'un ami des lettres, le paysan Italien est destitué du droit d'avoir une opinion sur le gouvernement qu'il souhaite.

« *Turin, 2 août.*

« La brigade Pignerolles de Piémont a été dirigée du « camp sur Parme, elle a dû traverser le Pô à Visvena. »

Toujours pour faciliter la libre et spontanée manifestation.

Le correspondant du journal *La Presse* lui mande:

« Je dois vous dire que les intrigues commencent « sérieusement en Toscane. Le ministère Piémontais a « reçu à cet égard des renseignements d'une certaine im- « portance. On craint que les partisans du régime tombé « ne cherchent à exciter des troubles pour nécessiter une « intervention. On fait circuler des lettres plus ou moins « autographes de l'ex-grand-duc pour ranimer le zèle « des tièdes. Enfin il y a lieu de craindre que grâce à « toutes ces trames cachées on ne parvienne à amoindrir « aux yeux de l'Europe l'effet si considérable des mani- « festation spontanées du peuple. »

Voilà que messieurs du Piémont, malgré leurs commissaires et toutes leurs manœuvres, commencent à craindre un mouvement de l'opinion contre l'annexion. Ils avouent leurs craintes, ils parlent des partisans du grand-duc et de contre-manifestations qui amoindriraient les leurs.

Pour que l'opinion des Italiens soit comme ils le voudraient, il faudrait qu'eux seuls eussent la parole.

« Dans les légations, il n'y a pas de troupes Piémon- « taises excepté les officiers qui organisent les volontaires. »

Dieu sait quels volontaires! contre le pouvoir du Pape.

« A Ferrare, on avait nommé commissaire le marquis « de Migliorati qui a été chargé d'affaires à Rome où il « faisait de la *propagande.* »

L'aveu est bon à enregistrer.

Monsieur Ratazzi n'emploiera pour le moment que les armes de la persuasion contre les Savoyards qui ont l'audace de penser qu'ils peuvent comme les Italiens exprimer leur opinion !

Pauvres gens qui prennent au sérieux les gasconades libérales de messieurs du Piémont et leur respect des nationalités.

Le général de Goyon (prince de Mortagne) a été proclamé noble Romain par la municipalité ! Le voilà donc enfin noble, ce n'est pas malheureux ; ne pourrait-on pas couvrir un peu de sa noblesse Monsieur Goujon, son grand-père ?

A Modène autre comédie : Monsieur Farini, envoyé par le Piémont comme gouverneur, s'est fait faire dictateur. Pas n'est besoin de dire que cette dictature a été offerte spontanément par les Modènois !...

Tout comme Louis Blanc et Flocon avaient été nommés par les Français membres du gouvernement !

On prétend que le Pape demande avant de se prononcer sur l'acceptation de la Présidence de la Confédération Italienne :

« Qu'est-ce que la Présidence ?

« Sera-t-elle administrative ou politique ?

« Président de quoi ? où est la Confédération ?

« L'Italie est en révolution et tous les Etats y sont « bouleversés. Il faut d'abord remettre les souverains en « possession de leurs Etats et le président tout le premier. »

Tout ceci est fort raisonnable, messieurs les libéraux seuls s'en étonnent.

Nous désarmons en France avec un empressement charmant ; les vaisseaux à peine arrivés dans nos ports sont désarmés; enfin plus l'Angleterre est insolente, plus nous nous montrons coulants et faciles; nous désarmons les batteries de nos côtes; l'Angleterre hérisse les siennes de canons.

L'Angleterre envoie des escadres en Egypte et à Naples, nous rentrons les nôtres.

Tout cela peut être fort habile, je n'en doute pas, mais le peuple de France est mécontent de cette apparente reculade devant l'Angleterre; nos marins sont mécontents. La paix ainsi comprise ne nous plait guère. Il faut éviter de blesser les susceptibilités nationales en France.

Une des causes de la chûte de Louis-Philippe a été sa trop grande faiblesse vis-à-vis de l'Angleterre; à force de ménager les susceptibilités des Anglais, il a froissé les nôtres.

L'Angleterre crie contre notre flotte ... on la désarme! ...je le répète, cela fait mauvais effet.

SAMEDI 6 AOUT.

L'ouverture de la réunion de Zurich est, dit-on, fixée au 6 août. Quant au congrès, rien de décidé, toutes les puissances à l'exception de la France et de l'Angleterre sont loin d'y faire obstacle. Mais ces deux dernières veulent ajourner leur adhésion jusqu'après la paix de Zurich.

Le journal *La Presse* constate que le Piémont trouve tellement de difficultés à la formation d'une Confédération Italienne qu'il refuserait d'en faire partie si l'Autriche doit y entrer.

La Presse tire cette nouvelle de *l'Indépendance Belge.*

Les journaux Italiens affirment qu'il restera provisoirement en Italie 50,000 hommes de troupes Françaises.

La *Stafetta* ajoute une phrase qui prête à bien des commentaires et qui s'explique difficilement :

« Si l'expédition dans les légations a lieu, le cinquième « corps, qui était sous les ordres du prince Napoléon, en « sera chargé. »

Dans un discours prononcé le 29 juillet, M. Cobden s'est exprimé ainsi sur les réductions de la flotte :

« Si je voyais une disposition de la part de la France « d'avoir une marine aussi considérable qu'en Angleterre, « et surtout si je voyais une disposition de ne pas se sou- « mettre à l'offre d'une explication, et si après on arrivait « à une question de rivalité, je voterais cent millions ster- « ling avec plus d'empressement que je n'en mettrais à « accorder cinq millions au présent système, par cette « raison que l'Angleterre n'a d'autre frontière que la mer, « et possède quarante ou cinquante colonies qui n'ont « d'autre défense que sa marine. »

Merveilleuse argumentation ! . . . l'Angleterre a profité des troubles de l'Europe, pour prendre partout, ici une île, là un continent et maintenant pour garantir ses possessions il faut lui abandonner l'empire exclusif de la mer.

La France a bien aussi quelques colonies, entre autres l'Algérie, mais il ne doit pas lui être permis d'élever une marine qui lui donne la faculté de les défendre contre l'Angleterre en cas de guerre. La France doit désarmer, sa flotte offusque les Anglais ! . . .

Il serait peut-être prudent et d'une honnête politique de combler le port de Cherbourg.

Il serait surtout d'une indépendance politique digne d'un grand Empire de prier l'Angleterre d'envoyer des commissaires inspecteurs dans nos ports!

Je n'admets qu'une raison à tout ce qui se passe; l'Empereur veut laisser l'Angleterre aller si loin dans son insolence, qu'elle le contraigne à une résistance soutenue par l'indignation nationale.

Dans l'Inde, les troupes Anglaises sont en pleine insurrection.

Le gouvernement Piémontais a suspendu le *Courrier des Alpes,* journal Savoyard, « jusqu'à sentence à intervenir de la part des tribunaux ». Le *Courrier des Alpes* en annonçant cette suspension ajoute: « Le gouvernement » qui nous frappe, aura sans doute la loyauté de ne pas « nous faire attendre trop longtemps. Notre tort a été de « croire que la guerre avait cessé et avec elle la législation « exceptionnelle du décret du 28 avril. »

Les Français de la Savoie sont duement avertis qu'aux Italiens seuls est réservé le droit de se prononcer sur l'annexion à la puissance à laquelle ils veulent se rallier, et que le droit des nationalités n'est pas fait pour les Savoyards, ils seront Italiens quoiqu'ils fassent.

DIMANCHE 7 AOUT.

Le chevalier Farini, dictateur de Modène, est natif des Etats Romains, naturalisé Piémontais; le colonel Cipriani qui est du gouvernement Bolonais est un agent

Piémontais; enfin partout en retirant ses agents, le Piémont a la main dans toutes les affaires.

Le chevalier Peruzzi, envoyé de Toscane à Paris, disait ces jours derniers au Ministère des Affaires étrangères: « *Nous nous garderons bien de donner le suffrage universel,* « *car le rappel du grand-duc serait certain, le paysan est* « *pour lui!* »

Ainsi commence la comédie du vœu libre de l'Italie! En France, on a donné le vote à tous les paysans parce que leurs votes étaient assurés à l'Empire; en Toscane, on le leur retire ou plutôt on ne le leur accorde pas parce qu'il serait acquis au grand-duc.

L'Indépendance Belge prétend que la mission du fameux Reiset n'a pas réussi à Turin et que Victor-Emmanuel refuse de seconder la politique de la France pour favoriser le retour des princes dépossédés.

Puis, une autre correspondance du même journal dit tout le contraire.

Le fait est que tout est incertain.

Quant à la résistance que préparent la Toscane, Modène, etc., cette résistance est surtout l'œuvre de la bourgeoisie des villes.

Garibaldi, dit-on, prend le commandement de l'armée en Toscane!... Est-il ou n'est-il plus général Piémontais?

Le *Times* dit que pour mieux rassurer l'Europe, il ne reste plus à la France qu'à modifier son gouvernement intérieur!...

Quo usque tandem!

L'agitation en Savoie continue, on y signe une pétition dans laquelle on dit respectueusement au roi de Piémont que puisqu'un royaume purement Italien se forme en s'adjoignant au Piémont au nom du principe de la nationalité, la Savoie qui n'est point Italienne désire ne point faire partie de la Confédération Italienne!

MARDI 9 AOUT.

Avant-hier, dimanche, l'Empereur est parti pour faire une courte visite au camp de Châlons. Après les fêtes, il partira avec l'Impératrice et le Prince Impérial pour les Pyrennées. La rentrée de l'armée est attendue avec impatience par la population, ce sera un grand spectacle; en attendant toute la population se précipite vers le camp de St-Maur où bivouaquent garde, ligne, zouaves et turcos, ces derniers surtout attirent les curieux; il y a parmi les Turcos un bon nombre de nègres.

Les turcos visitent Paris avec une ardente curiosité, le Louvre et ses Musées ont fait impression sur leurs esprits.

Je causais dimanche avec Benedetti du diplomate Reiset et je le félicitais d'avoir découvert un grand homme dans la peau d'un pareil animal.

Benedetti a haussé les épaules et m'a répondu:

« Il y a des hommes qui se cassent le cou à vouloir « escalader de trop hautes positions. »

Le fait sera, je crois, vrai pour Reiset, ses louanges qu'il fait retentir dans tous les journaux commencent à fatiguer. Une correspondance du journal *l'Indépendance* a mis le bouquet aux ridicules de notre chargé d'affaires. voici en effet ce que nous y lisons:

« On espère qu'après avoir constaté l'ordre qui règne « ici (Modène) et l'état de l'opinion publique, cet illustre « personnage (Reiset!!!) contribuera par l'efficacité de ses « conseils à l'Empereur, au bon succès de nos affaires. »

La Presse française dit avec raison à propos du paragraphe que nous citons:

« On croyait jusqu'à présent que M. de Reisel était « allé en Italie plutôt pour donner des conseils que pour « en transmettre à Paris. »

L'*illustre* Reiset(!) est allé porter des conseils, mais il n'en donne à personne.

Les poursuites contre les journaux Savoyards qui veulent parler des tendances françaises de leur province sont exercées avec rigueur; il est même défendu à tout imprimeur sous peine de fermeture de son établissement de rien imprimer qui soit relatif au désir des Savoyards de ne point faire partie du royaume Italien.

C'est une bien belle chose que le libéralisme à prêcher aux autres, cela dispense d'être libéral chez soi.

L'opinion publique se préoccupe du projet discuté en Belgique de faire de la ville d'Anvers une place de guerre de premier rang.

Granier de Cassagnac qui avait publié, il y a quelques jours, dans le *Constitutionnel* un article sévère et juste sur l'ingratitude de l'Italie, dénonce hier les fortifications d'Anvers comme le résultat d'un complot contre la France, ourdi entre l'Angleterre et la Belgique.

« Considérer le Pas de Calais comme une rivière, faire « d'Anvers une grande tête de pont qui permit aux troupes « Anglaises de débarquer et de s'établir sur le continent; « voilà une explication qui à défaut d'autres, rend compte

« assez logiquement du dessein qu'aurait la Belgique de « construire de couteuses fortifications contre un ennemi « imaginaire, que le bon sens rend improbable et que « les traités rendent impossibles *ou le projet de fortifier « Anvers a cette signification ou il n'en a aucune.* »

Dimanche, chez la Princesse Mathilde à St-Gratien j'ai remarqué la décadence de Reiset du Louvre, *grand homme* aussi, frère de *l'illustre* dans l'esprit de la Princesse. L'outrecuidance du drôle l'assomme, son gonflement l'irrite et la voix de tête avec laquelle il établit que lui seul a le sens commun la révolte, la Princesse, comme on dit, a pardessus les oreilles du personnage.

C'est en réalité une nullité qui, parce qu'elle a eu le courage de dire: je suis une capacité, a été prise au mot. On l'a fait conservateur des dessins du Louvre et de la calcographie qu'il dirige mal; il vient de faire exécuter une détestable gravure d'après un tableau flamand, et ce qu'il y a de malheureux à penser, c'est qu'il la croit bonne.

L'abbé Coquereau devient à St-Denis chanoine de première classe, il va se gonfler un peu plus, mais ce n'est pas encore ce qu'il veut, il lui faut du Monseigneur, il veut bénir pontificalement le troupeau chrétien, les bas violets lui iraient si bien.

Le marquis de La Valette devient de plus en plus ridicule avec sa vieille femme toujours habillée comme une jeune nymphe, toujours minaudant et jouant de la prunelle; il l'accable de bracelets et de mantelets de dentelles, il me semble d'après tout cela qu'il a encore quelque chose à se faire donner dans le testament.

VENDREDI 12 AOUT.

Avant-hier, je causais avec Nieuwerkerke de certains *favoritismes* qui faisaient mauvais effet, entre autres de la nomination du jeune Baroche et de l'envoi du jeune Caumont comme attaché à la conférence de Zurich.

Je déplorais qu'on tînt si peu de compte des ordonnances qui statuent que pour être seulement employé à la division politique des Affaires étrangères, il faut avoir fait son droit, soutenu sa thèse, etc.

Nieuwerkerke m'a répondu : *oui, mais on peut faire exception pour un Caumont Laforce ! . . .*

Voilà où nous en sommes ! . . . aujourd'hui un Baroche, demain un Caumont Laforce, après-demain je ne sais qui . . .

Les partis commencent à se dessiner en Italie et les hommes de 1848 à se montrer.

Le fameux suffrage universel qui devait faire connaître l'opinion vraie du pays, a tout calculé pour ne faire connaître que les suffrages de la bourgeoisie des villes. Il faut payer 10 francs d'impôts, savoir lire et écrire pour voter.

En Toscane, les trois triumvirs de 1848 ont été élus ; Mazzini à Prato, Montanelli à Fucecchio, Guerazzi à Rossignano.

On parle de Mazzini comme étant en Italie.

Des lettres venant d'Egypte donnent à entendre qu'on s'attend à de graves complications, par suite de la présence de la flotte Anglaise devant Alexandrie. Cependant le grand coup est manqué; si la guerre avait continué l'Angleterre s'emparait de l'Egypte, et elle ose parler de l'ambition et du désir de conquêtes de Napoléon III.

Elle déclare qu'elle ne réduira pas ses armements et qu'elle les augmentera au contraire; son langage est si violent que le *Journal des Débats* se prononce contre elle, il regrette « de voir l'Angleterre non seulement continuer ses armements, mais annoncer comme elle le fait, « son intention de les poursuivre quand même; personne », dit-il, « ne saurait refuser au gouvernement français cette « justice que loin d'avoir fourni un motif ou même un « prétexte aux alarmes et aux soupçons de ses alliés, il « n'a cessé de les rassurer par son attitude calme et digne « et la modération de son langage.

« L'Empereur est allé une fois de plus au-devant de « la conciliation en ordonnant et en faisant immédiatement « exécuter, ce qui se fût fait tout naturellement comme « conséquence de la paix. »

Ce langage est curieux de la part du *Journal des Débats*.

On mande de Turin que des agents de Mazzini découverts à Bologne ont été expulsés.

Le roi de Prusse est paralysé de tout un côté, on attend la nouvelle de sa mort.

SAMEDI 13 AOUT.

Le *Moniteur* publie sous la date du 11 août un décret qui institue une médaille pour l'armée d'Italie.

J'ai trouvé hier en chemin de fer le conseiller d'Etat Villemain, frère de l'ancien ministre; il m'a raconté qu'avant son départ pour l'Italie où il est allé reprendre à Naples le poste de ministre plénipotentiaire, Monsieur Brennier avait eu une audience de Walewski, et dans cette audience, il a écouté avec étonnement les paroles suivantes qu'il a rapporté à M. Villemain :

« Vous êtes heureux, Monsieur Brennier, d'être par« venu au grade de ministre plénipotentiaire, car nous « sommes bien décidés à ne plus l'accorder qu'à des diplo« mates qui seront au moins *comtes* et vous n'êtes que « baron. »

Cela est superbe et rassurant! notre diplomatie déjà si piètre va tomber dans la quenouille de la faveur.

Le conseiller d'Etat Villemain, Voltairien très prononcé, s'applaudit des affaires d'Italie et de la tournure qu'elles prennent.

Il voit dans un avenir très prochain la suppression de la Papauté et chaque souverain, chaque Etat devenant sur son territoire le *chef des religions*, comme l'Empereur de Russie et la reine d'Angleterre, mieux encore, car la reine Victoria n'est chef que de la religion anglicane, l'Empereur de Russie que de son église orthodoxe.

Le pouvoir temporel réuni au pouvoir spirituel pour la plus grande liberté des consciences.

Il paraît qu'on interprête ainsi les promesses de l'Empereur.

On ne parle pas depuis deux jours de *l'illustre comte* Reiset, peut-être est-il occupé à rédiger les fameux conseils qu'il doit donner à l'Empereur ?

Ed. Delessert brillait de toute sa faveur au bal qui a été donné jeudi à St-Cloud.

Les Delessert quoiqu'ennemis et amis d'ennemis sont toujours bien vus. Mme Delessert, veuve de Gabriel Delessert, maîtresse surannée de Maxime Ducamps, son fils Ed. Delessert provenu des œuvres du comte de Girardin, ex-grand- ou premier veneur et père d'Emile de Girardin, puis le comte Léon de Laborde dont j'ai assez parlé, sont trois favoris de l'Impératrice.

Il y a encore Mérimée qui vient de faire le voyage de Cherbourg avec le prince Napoléon.

Mérimée, ancien amant de Mme Delessert et ancienne connaissance de Mme de Montijo, a été fait sénateur comme assurance donnée aux idées morales et religieuses.

Mérimée a fait insérer dernièrement dans le *Moniteur* un long article signé de lui à la louange de Libri et de la bibliothèque que ce pauvre condamné pour vol de livres vend en Angleterre.

Il faut dire que Libri est cousin de Pelletier secrétaire général du Ministère de la maison de l'Empereur.

L'Impératrice a fait écrire une lettre très flatteuse à un écrivassier qui lui avait envoyé un livre sur la vie de Gabriel Delessert; la lettre était accompagnée d'un diamant.

Le prince Napoléon et la princesse Clotilde se rendent de plus en plus impopulaires par leur morgue disgràcieuse.

Le colonel Franconnière, premier aide de camp du prince Napoléon, est nommé commandeur de la légion d'honneur; c'est, dit-on, pour avoir fait servir *du pain de munition* sur la table du prince à Florence.

Le prince osera-t-il porter la médaille d'Italie?

Osera-t-il dans l'état-major de l'Empereur aller au-devant de l'armée?...

DIMANCHE 14 AOUT.

L'Angleterre s'émeut des articles publiés par *Le Pays, Le Constitutionnel* et *La Patrie,* contre le projet de fortifier Anvers, dans lequel ils trouvent une menace contre la France, qui, leur semble-t-il, n'est pas admissible dans l'Etat de la Belgique.

En effet, un pays qui n'existe que grâce à la neutralité perpétuelle qui lui a été garantie, et grâce à la France qui l'a soutenu dans sa lutte contre les Pays-Bas, ne peut employer son argent à construire des forteresses de premier ordre, sans que l'on cherche le but qu'il se propose.

Anvers fortifié n'a de signification qu'en cas de guerre avec la France, c'est une tête de pont pour l'Angleterre qui déjà dans les guerres du premier Empire avait essayé de s'en emparer.

Les attaques des journaux français ont été vives et nettes, le *Times* et le *Daily News* y répondent et parlent des droits de la Belgique. Ils reconnaissent à cet avorton de royaume, un droit qu'ils nous dénient; la Belgique peut élever les citadelles, fortifier ses ports, armer 200,000 hommes, au lieu de 100,000, elle est inféodée à l'Angleterre, mais la France fait acte d'intolérable hostilité en fortifiant Cherbourg, en mettant sa flotte sur un pied respectable. L'opinion publique jugera.

La Belgique comme le Piémont nous doit tout; l'ingratitude de l'une servira d'exemple à l'autre.

Le *Mémorial de Lille* écrivait ces jours derniers:

« On assure que Lille sera prochainement désigné « comme chef-lieu d'un grand commandement militaire à « la tête duquel sera placé un maréchal de France; on « cite pour ces hautes fonctions le maréchal Niel. »

Des difficultés, prétend-on, s'élèvent à Zurich et M. de Bourqueney serait contraint de conférer séparément avec M. Désambrois et M. Collorédo. Les gens qui veulent un congrès partent de là, pour en démontrer l'urgente nécessité.

Le marquis Tanay de Nesly, a remis à l'Empereur deux lettres, l'une de S. A. S. le grand-duc de Toscane, Léopold II, l'autre de son fils, qualifié grand-duc Ferdinand IV. Ces qualifications établies par le *Moniteur* prouvent l'abdication de Léopold II.

Guerazzi n'a point été élu en Toscane, il a retiré sa candidature. Du reste, en Italie, les élections préparées par les agents du Piémont qui ne se sont retirés qu'au dernier moment, quand ils ne sont pas restés sous un autre titre, offrent toujours les mêmes comédies.

On fait grand bruit d'une opinion publique que les meneurs n'osent pas aborder, en un mot on conclut des scrutins, une bonne moitié des populations, mais les avocats, les scribes et toute leur sequelle, sont au grand complet parmi les électeurs.

Les journaux avancés font tout ce qu'ils peuvent pour persuader au roi de Naples de renvoyer les Suisses.

« Ne serait-il pas avantageux pour le roi de Naples « de licencier ses régiments Suisses et de se confier à la « fidélité des troupes indigènes. »

La révolution parle toujours ainsi, excepté quand elle se sert de troupes étrangères pour s'installer dans un pays, comme en Portugal, où Don Pèdre déposséda Don Miguel à l'aide d'une armée étrangère; comme en Belgique, où nous vînmes combattre contre les Hollandais; comme dans les légations, où les Toscans, les Modènois, les Lombards et les Piémontais envoient des volontaires.

La révolution se considère comme une nationalité et elle a partout le droit d'alliance contre les rois; les gouvernements royaux seuls n'ont pas le droit d'alliance contre la révolution.

L'Indépendance Belge publie la lettre suivante, adressée par le maréchal Canrobert au maréchal Niel; c'est cette lettre qui a motivé, au *Moniteur*, rectification du rapport du général Niel, sur la bataille de Solferino.

« Valeggio, le 8 juillet 1859.

« Je lis à l'instant dans le *Moniteur* du 4 juillet votre « rapport à l'Empereur sur la part prise par le 4e corps « à la bataille de Solferino, et ce n'est pas sans un pénible « étonnement que j'y remarque le passage suivant, venant « après le développement d'un de vos plans de bataille: « *Malheureusement le maréchal Canrobert, menacé sur sa* « *droite, ne jugea prudent de me prêter son appui que vers*

« *la fin de la journée?* Vous regretterez, M. le maréchal, « d'avoir écrit ces lignes, lorsque vous saurez que dès « mon arrivée à Médole avec l'avant-garde de mon corps « d'armée, à neuf heures et quart du matin seulement, « j'ai appris que vous étiez aux prises avec l'ennemi. « *Sans perdre une minute*, j'ai pris mes dispositions pour « obtempérer aux demandes pressantes de secours que « m'adressait le général de Luzzi, qui tenait votre droite « à trois quarts de lieue de Médole.

« A cette heure, neuf heures et quart, je n'avais sous « la main qu'une petite avant-garde de la division Renault, « et j'ai de suite donné l'ordre à cet officier général de « réunir le plus tôt possible de quatre à cinq bataillons et de les porter sans sacs au secours du général de Luzzi.

« Cet ordre était exécuté à dix heures et demie du « matin, et il ne pouvait matériellement l'être plus tôt. « Ces cinq bataillons étaient suivis aussi promptement que « leur arrivée successive le permettait, des autres, moins « deux de la division Renault.

« La gauche de cette division n'était pas encore rendue « à Médole que je recevais de l'Empereur l'invitation pres- « sante de me tenir en garde contre un corps tournant de « 25 à 30,000 hommes, sorti de Mantoue la veille, et qui « a en effet été paralysé par une de mes divisions; en « même temps vous m'envoyez plusieurs de vos aides-de- « camp pour me demander d'appuyer votre centre sérieuse- « ment menacé. Quelles que fussent dans cette circonstance « mes préoccupations pour mon flanc droit et mes derrières, « sur lesquels on m'annonçait que se portaient de gros « détachements de cavalerie avec du canon, je pris sur « moi d'envoyer au général Trochu, encore en arrière,

« l'ordre de prendre sa première brigade et de vous l'a-« mener sans sacs aussi promptement que possible. Je « mettais donc ainsi, Monsieur le maréchal, à votre dis-« position, par fractions successives, et aussitôt après leur « arrivée, la moitié de mon corps d'armée, et, permettez-« moi de vous le rappeler, n'écoutant que mon désir d'aider « de mon mieux, un compagnon d'armes dans l'embarras, « je précédai de ma personne près de vous les soldats que « je vous prêtais, afin de stimuler par la présence sous « le feu, de leur maréchal, leur ardeur pour les utiles « services que vous en attendiez et qu'ils ont été heureux « de vous rendre au nom de l'Empereur.

« Je ne puis m'empêcher non plus, Monsieur le maré-« chal, de vous faire remarquer, à propos du passage de « votre rapport où vous parlez du succès que vous auriez « obtenu si le 3e corps eût été en entier près de vous, que « si ce corps avec les généraux de division Renault, Bour-« baki et Trochu, dirigé par ses chefs, eût pu prendre « en entier part à l'action, il aurait été assez heureuse-« ment inspiré pour ne pas vous laisser réaliser *seul* le « succès que vous méditiez.

« Ainsi je termine, M. le maréchal, en vous faisant « observer que votre assertion sur le retard à l'aide que « j'ai été assez heureux pour vous prêter est contraire à « l'exactitude des faits accomplis, il est vrai loin de vos « yeux, mais sous les miens et sous ceux de plusieurs de « vos officiers, ainsi que de tous ceux de mon état-major ; « qu'elle porte une fâcheuse atteinte à ce principe de « simple morale qui veut que l'obligé ne méconnaisse pas le « service généreusement rendu, et qu'elle pourrait, dans « une circonstance analogue, faire hésiter un chef de corps

« d'armée à se dépouiller lui-même d'une grande partie « de ses troupes en faveur d'un frère d'armes compromis.

« Je donne connaissance à l'Empereur de cette lettre « que j'ai été dans la pénible nécessité de vous écrire.

« Veuillez, etc. »

La rectification du rapport du général Niel a été insérée au *Moniteur*, il y a déjà quelque temps, par ordre de l'Empereur.

Le maréchal, alors général Niel, pour se faire valoir, avait présenté sous un faux jour la conduite du maréchal Canrobert; la lettre, que nous venons de transcrire faillit occasionner un duel, prévenu, défendu par l'Empereur, entre les deux maréchaux; Dieu veuille que sa publication par l'*Indépendance* et les journaux français ne ravive pas cette querelle!

L'armée fait en ce moment son entrée dans Paris; il fait un temps superbe, toutes les communes à cinq lieues de distance, sont vides de leurs habitants, les chemins de fer regorgent de voyageurs et les hôtels garnis de Paris n'ont plus une chambre à louer.

LUNDI 15 AOUT.

La rentrée de l'armée a été superbe, l'enthousiasme des populations ne peut être décrit; l'Empereur était l'objet des plus chaleureuses acclamations, les bouquets et les fleurs pleuvaient sur lui et sur toute l'armée. Le prince Napoléon et sa femme n'ont pas paru!

Le maréchal Niel a répondu au maréchal Canrobert; il cherche à justifier ou à excuser son rapport, en discutant les heures et les lieux; il est à désirer que cette polémique regrettable en reste là.

Au banquet donné par l'Empereur aux principaux chefs de l'armée dans la salle des Etats au nouveau Louvre, il a prononcé le discours suivant, dont la dernière phrase donne lieu à diverses interprétations.

« Messieurs,

« La joie que j'éprouve en me retrouvant avec la plu-« part des chefs de l'armée d'Italie serait complète s'il ne « venait s'y mêler le regret de voir se séparer les éléments « d'une force si bien organisée et si redoutable. Comme « souverain et comme général en chef, je vous remercie « encore de votre confiance. Il était flatteur pour moi, de « trouver une telle obéissance de la part de ceux qui « avaient une grande expérience de la guerre. Si le succès « a couronné nos efforts, je suis heureux d'en reporter la « meilleure part à ces généraux habiles et dévoués qui « m'ont rendu le commandement facile, parce que, animés « du feu sacré, ils ont sans cesse donné l'exemple du de-« voir et du mépris de la mort.

« Une partie de nos soldats va retourner dans ses « foyers; vous-mêmes vous allez reprendre les occupations « de la paix. N'oubliez-pas néanmoins ce que nous avons « fait ensemble. Que le souvenir des obstacles surmontés, « des périls évités, des imperfections signalées, revienne « souvent à votre mémoire, car, pour tout homme de « guerre, le souvenir est la science même.

« En commémoration de la campagne d'Italie, je ferai « distribuer une médaille à tous ceux qui y ont pris part,

« et je veux que vous soyez aujourd'hui les premiers à la « porter. Qu'elle me rappelle parfois à votre pensée, et « qu'en lisant les noms glorieux qui y sont gravés, chacun « se dise : Si la France a tant fait pour un peuple ami, « *que ne ferait-elle pas pour son indépendance?* Je porte « un toast à l'armée. »

Le *Guernsey Star* annonce que l'Empereur des Français a donné l'ordre de fortifier immédiatement les îles Chausey placées entre Granville et St-Malo d'un côté et Jersey de l'autre. Ces îles dans la dernière guerre de l'Angleterre contre la France servaient d'abri aux croiseurs Anglais qui bloquaient les ports de Granville et de St-Malo.

L'empereur Cochinchinois ou si mieux on aime Annamite, demande la paix. Il permettrait dans tous ses Etats le libre exercice de la religion chrétienne, et reconnaîtrait les cessions de territoire faites à Louis XIV.

Je renonce à parler de la pluie de décorations tombée sur tout le monde ; j'annoncerai seulement que le jeune Soubeyran est fait officier de la légion d'honneur ! ! Bacciochi commandeur, puis des écuyers, des chambellans, des artistes inconnus, des journalistes, des préfets, des juges, etc. etc.

Ce n'est plus une légion d'honneur, c'est une *cohue*... d'honneur !

Les nouvelles d'Italie sont toujours les mêmes ; à en croire les élections, toute l'Italie veut être Piémontaise.

A Zurich, les affaires marchent difficultueusement.

La reine Victoria a clos son Parlement ; elle se félicite comme de raison dans son discours de la *pacification de l'Inde* et dit quant au congrès futur sur les affaires d'Italie, que diverses ouvertures lui ont été faites.

« Mais Sa Majesté n'a pas encore reçu les informations « nécessaires pour lui permettre de décider si elle pourra « juger à propos de prendre part à de telles négociations. »

Notre *bonne alliée* est vraiment superbe !

MERCREDI 17 AOUT.

A Florence, la déchéance de la maison de Lorraine prise en considération à l'unanimité par l'assemblée avait été proposée par le marquis Ginori-Lisci. Le président de l'assemblée est un Monsieur Coppi qui avait figuré dans les mouvements de 1849. Il a été élu après un ballotage avec l'abbé Lambruschini, le restaurateur de l'éducation et de l'instruction en Toscane, parce que disent les journaux d'un *libéralisme coloré :*

« Les députés les plus décidés de la représentation « nationale auraient été mécontents si l'abbé Lambruschini « eût été élu ; c'eût été le triomphe d'un élément sans « doute patriote, sans doute favorable à l'émancipation du « pays, mais enfin peut-être un peu plus tiède qu'il ne « faut dans les circonstances actuelles. »

Au premier tour de scrutin, l'abbé Lambruschini avait eu 75 voix contre 69 données à Monsieur Coppi les votants étaient au nombre de 164, mais comme :

« La nomination de l'abbé Lambruschini eût été un « signe de tendances en quelque sorte plus modérées,

« quoique M. Lambruschini soit dévoué à l'indépendance ;
« le Ministère qui tenait beaucoup à ce que Monsieur Coppi
« fût président, a dit à des députés de nuances indécises
« quelques mots qui n'ont pas médiocrement contribué à
« faire remonter le nom du magistrat au-dessus du nom
« de l'ecclésiastique dans le second tour de scrutin. En
« effet, voici le résultat du ballotage :

« Votants 159 : Coppi 82, Lambruschini 77. »

Un jour, on saura toutes les intrigues de cette libre expression des vœux de l'Italie pour être Piémontaise.

En attendant l'Italie centrale est organisée militairement et doit être commandée, dit-on, par Garibaldi auquel le roi de Piémont donne un congé ! ... toujours même franchise dans la neutralité.

Dans les légations règne le colonel Cipriani pour confirmer les paroles du roi de Piémont qui a dit :

« *Nous ne venons pas déposséder le Saint-Père qui n'a*
« *point abandonné ses Etats et qui est un prince Italien.* »

Et celles de l'Empereur Napoléon qui venait, disait-il, délivrer l'Italie, mais respecter la neutralité du Pape dont il affermerait la puissance loin de vouloir l'ébranler !

En 89, 90 et 91, on raffermissait l'Eglise de France en lui prenant ses biens, en 93 on la guillotinait.

Le célèbre Veuillot, le plus habile des journalistes actuels, le plus fort polémiste, le plus ardent, celui dont le style avait le plus de mordant et de vigueur, est, m'a-t-on assuré hier, dans une maison de fous.

Dans la nuit d'avant-hier à hier, j'ai été fort agité et me suis levé, ne pouvant dormir, j'étais préoccupé d'idées tristes à propos d'Henry Seymour, le meilleur et le plus ancien de mes amis.

Alité depuis le 1er août, son état maladif passait par des alternatives de *mal* et de *mieux* qui n'inquiétaient pas son médecin.

Chaque jour, je recevais de ses nouvelles et avant-hier elles étaient meilleures.

Cependant dans ma nuit d'insomnie j'étais inquiet, j'éprouvais comme des transes vagues et je suis parti pour Paris par le premier convoi.

Lord Henry Seymour venait de mourir à 8 heures $^1/_2$ du matin.

J'ai su par son secrétaire que depuis le premier jour de sa maladie il avait jugé son état; il disait:

« Les médecins se trompent, je n'en ai plus que pour « quinze jours. »

Et quatre jours avant sa mort il disait à Laboureau son secrétaire:

« Dans quatre ou cinq jours vous ne m'aurez plus! »

Pauvre Henry, jadis si gai et si bon compagnon toujours prêt lorsqu'il pouvait trouver un moyen d'être agréable à ses amis, toujours généreux à l'infortune et grandement et délicatement généreux.

On a beaucoup parlé de lui, et le public ne le connaissait pas, car il en faisait une sorte de *bohémien*, de casseur d'assiettes, de coureur de bastringues, etc.

Seymour avait aimé sa mère avec passion, *tous les jours* il dînait avec elle et ne la quittait qu'à onze heures du soir. Les pauvres le trouvaient la main ouverte et ses amis le cœur ouvert. Il voulait se donner l'apparence brusque, cacher sa sensibilité, son bon cœur, sa tendresse pour ses amis, et ceux qui ne le voyaient qu'en passant le jugeaient sur cette apparence.

Henry était un cœur noble, tendre et affectueux, son esprit était éclairé et porté à la discussion, il aimait les choses et les gens d'esprit et il avait quand il le voulait une conversation intéressante nourrie de bonnes lectures.

Sa mort est une perte douloureuse pour moi, rien ne me remplacera la douce habitude de le voir tous les jours; sa maison était presque la mienne, je savais qu'en y allant tous les jours je lui faisais plaisir, et j'y allais.

Nous nous trouvions là, quelques amis depuis plus de trente ans; il était notre lien, notre centre commun, aujourd'hui tout est rompu.

Pauvre Henry, je ne peux pas m'habituer à la pensée que je ne le verrai plus; qu'avant-hier j'aurais pu le voir, saisir encore un de ses regards, lui serrer une dernière fois la main, et maintenant mort... sans avoir dit adieu à aucun de nous!

Toute ma jeunesse, tout mon âge mûr, toute ma vie jusqu'à cette heure était avec lui; tout cela n'est plus, tout cela est passé, c'est une phase de notre vie éteinte avec la sienne. La vie est rude à ceux qui sentent et qui pensent! Adieu, mon pauvre et bon Henry, que de fois nous penserons douloureusement à toi!

VENDREDI 19 AOUT.

L'Empereur, l'Impératrice et le Prince Impérial sont partis pour les eaux de St-Sauveur.

Avant son départ, l'Empereur a rendu sous la date du 16 août le décret suivant:

« Napoléon, etc. etc.

« Avons décrété et décrétons ce qui suit :

« *Art. 1er.* Amnistie pleine et entière est accordée à « tous les individus qui ont été condamnés pour crimes « et délits politiques ou qui ont été l'objet de mesures de « sûreté générale.

« *Art. 2.* Notre garde des sceaux et notre ministre « de l'Intérieur sont chargés de l'exécution des présentes. »

J'ai dîné hier avec Monsieur Benoit Champy, Monsieur Berthelin et d'autres magistrats qui sont peu rassurés en songeant aux hommes qui auront le droit de rentrer en France, et à l'influence que ces gens là reprendront dans les campagnes.

Je comprends que la France soit ouverte aux criminels qui s'amendent, mais à ceux qui persévèrent ? ...

Madame Thayer, grande maîtresse de la princesse Clotilde, a reçu une verte réprimande de S. A. I. pour s'être montrée à la cérémonie de la rentrée des troupes.

L'Empereur devrait comprendre quel mauvais effet produit cette opposition et ce blâme du prince Napoléon. Pour être bien obéi, l'Empereur devrait commencer par faire obéir son cousin.

La Bédollière, chambellan de l'Empereur, le plus inepte des hommes, le plus obtus, le plus incapable d'aucun service est fait sénateur.

Motifs : Son père a été fusillé en 1815 ; sa femme a couché avec Napoléon III.

Le prince de la Moskova est également fait sénateur ; son père, il est vrai, a été fusillé, mais il n'est pas marié.

Il y a encore un conseiller d'Etat stupide, fait sénateur, il se nomme le baron Vincent.

Puis vient un homme connu depuis longtemps pour les propos qu'il a tenus contre l'Empire actuel, M. le baron Paul de Richemond, puis les généraux de division Renault, Forey, Thiry, le vice-amiral Trehouart.

Le Sénat ne gagne pas beaucoup à ces acquisitions.

M. Flourens, l'un des secrétaires perpétuels de l'Académie des sciences, professeur au Muséum d'histoire naturelle, est nommé *grand officier* de la légion d'honneur.

Jadis les savants et les artistes se contentaient d'être chevaliers ou officiers; mais aujourd'hui on veut être *plaqué*, on ne veut pas comme *tout le monde* être chevalier.

Etre chevalier c'est être du tiers Etat, et quoique nous soyons en démocratie, chacun aspire à devenir grand seigneur.

Dans les maisons qui donnent à diner, les titres et les fonctions désignent ceux qui les portent ou en sont revêtus aux places d'honneurs; ainsi arrive-t-il le plus souvent que le maître et la maitresse de la maison se trouvent flanqués des plus lourds crétins que l'on puisse imaginer.

Le *New-York Police Gazette* constate la résurrection de la torture en Amérique; elle est en usage dans la prison de la ville de Sing-Sing et consiste dans une boite de répression très ingénieuse qui soumet le patient au plus épouvantable supplice. Après quelques minutes de séjour, ceux qui en sortent sont en danger de mort.

La philanthropie anglaise et française a lancé assez d'anathèmes contre le roi de Naples et S. M. Autrichienne pour le *carcere duro* et le *carcere durissimo;* il est vrai qu'il s'agissait de flétrir un empereur et un roi. Ces deux philanthropies se tairont aujourd'hui qu'il s'agit des peccadilles d'une république modèle !

Depuis que nos très savants politiques ont acquis la preuve que les Napolitains, les Vénitiens, les Toscans, les Romains, les Lombards, les Modènois et les Parmesans forment un seul peuple ayant une même origine, il leur arrive souvent de recevoir de très embarrassantes questions :

« Les Grecs soumis à la Turquie et à l'Angleterre « demandent en vertu du principe des nationalités leur « réunion au royaume Grec. »

Cette autre encore :

« Les Polonais demandent . . .

Alors la politique monte sur ses grands chevaux, prend son ton doctoral de *Diafoirus* constitutionnel et prononce cette sentence !

« Il n'y a de nationalités à rejoindre que là où les « nationalités sont différentes. Il n'y a de question de « nationalité qu'en Italie ? »

— Mais la Savoie ? lui crie t-on.

« Silence », répond la politique.

— Mais la Pologne ?

« Silence. »

— Mais le Canada ? mais l'Inde ? mais Malte ? mais Gibraltar ? mais . . . . .

« Silence, encore un coup, il n'y a de nationalité à « reconstituer que l'Italienne, il n'y a d'intéressant que « l'Italie, il n'y a de respectable que l'Italie parce que « nous y trouvons l'occasion de complaire à l'Angleterre « et au prétendu libéralisme ; trouvez en Grèce, dans « l'Inde, en Pologne, à Malte, à Gibraltar, un Pape à ren-

« verser et nous nous intéresserons à votre question des « nationalités. »

Nous donnons un vigoureux coup de pied au principe d'autorité en la personne du Pape et nous rouvrons la France à tout ce que l'élément révolutionnaire a de plus mauvais.

Je ne sais qui l'Empereur consulte, mais si on lui dit qu'il y a en France apaisement des mauvaises passions, on le trompe. Il y a dissimulation. Les socialistes et toutes les sociétés secrètes subsistent, ils attendent; aux jours de crise ils se lèveront de nouveau et le gouvernement s'appuiera pour les combattre sur un Sénat sans valeur composé en grande partie d'hommes prêts à tous changements ou de crétins connus pour tels; il s'appuiera sur un conseil suprême dans lequel ce qui brille le plus, ce sont les inimitiés des divers membres entre eux.

Il s'appuiera sur une armée de fonctionnaires grands ou petits, tous disposés à se vendre pour achever une fortune commencée par le vol.

L'Empereur croit-il à son immortalité pour tenir en bride le *bagne* galonné qui n'a pas plus de convictions qu'il n'a de principes d'honneur?

Le mépris pour les serviteurs qu'on emploie est une belle chose, mais il ne faut pas laisser à ces serviteurs la possibilité de se passer de vous.

MERCREDI 24 AOUT.

Les exilés rentrent avec empressement; Félix Pyat a déjà passé par Paris.

Les nouvelles d'Italie ne nous apportent rien de nouveau; la diplomatie aura, je crois, fort à faire.

Je causais dimanche avec Benedetti qui m'a dit que la France cherchait dans la Mer Rouge un point à occuper pour contrebalancer l'occupation de Périm par les Anglais.

A Madagascar, après une heureuse expédition, nos droits ont été reconnus par les chefs de l'île, nous pouvons commercer, remonter les rivières et avoir des établissements.

VENDREDI 26 AOUT.

La comédie Italienne continue et le journal *La Patrie* joue le rôle de compère; voici ce que nous lisons dans le numéro d'aujourd'hui:

« Les princes détrônés ayant promis des constitutions, « le gouvernement français, si nous sommes bien informés, « a donné pour instructions à ses agents en Italie de s'en« tendre avec les anciens ducs.

« De son côté, le roi Victor-Emmanuel *a rappelé tous* « *ses fonctionnaires* » (qui sont restés avec d'autres titres) « et il ne veut pas que l'Europe puisse soupçonner qu'il « exerce la moindre pression sur le libre vœu des Tos-

« cans. Ainsi le Piémont trop intéressé dans la question « pour que ses démarches dans un sens ou dans un autre « ne parussent pas toujours suspectes, *s'abstient d'une « manière absolue.* »

Le même numéro de la *Patrie* pour corroborer ce témoignage en faveur du Piémont, emprunte au journal *La Nazione* de Florence la nouvelle sous la date du 21 août :

« Que les négociations ouvertes pour obtenir du cabinet « Sarde un général commandant les forces de la ligne mili- « taire des Etats de l'Italie centrale ont eu un heureux « résultat.

« Une dépêche télégraphique fait connaître que le roi « aurait permis au général Fanti de se charger de ce « commandement supérieur ! »

L'invention est admirable !

Dans un ordre du jour aux troupes, Garibaldi, pour laisser toute latitude à la libre expression de leurs vœux dit :

« Je ferai fusiller quiconque se dira Mazzinien, répu- « blicain, socialiste ou même Garibaldien, je ne veux avoir « que des soldats et des Italiens. »

Ainsi tout est permis en fait d'opinion pourvu qu'on ne soit qu'unioniste !

Etes-vous pour le retour des princes ?... fusillé !...

Quel grand homme que Garibaldi ! ...

Félix Pyat réclame contre l'annonce de sa rentrée en France ; il peut, il est vrai, revoir sa patrie, mais il ne peut embrasser sa mère qui est morte.

Victor Hugo ne révèle pas ses intentions. On affirme cependant qu'il a engagé par circulaire messieurs les réfugiés à se méfier de *Napoléon le petit.*

Quant au très illustre Pyat, il n'a pas encore, dit-il, *amnistié* l'homme qui ose l'amnistier.

J'ai vu dimanche le Piémontais Vimercati qui avait été attaché à l'état-major du maréchal Canrobert. Il donne à entendre que l'on fait trop mousser la gloire de l'armée Française, et que l'armée Autrichienne est tellement misérable, que nos victoires ont été plus que faciles.

Je m'y attendais, on nous rabaisse déjà pour pouvoir nier plus tard la reconnaissance qui nous est due.

Cavour reviendra au pouvoir lorsque les conférences diplomatiques seront terminées, et alors nous en verrons de belles.

Il y a maintenant en Italie:

Le Grand Victor-Emmanuel!
Le Grand Cavour!
Le Grand Garibaldi!

Napoléon ne vient qu'après; on le ménage encore, mais attendons la fin; on espérait lui faire tirer du feu une plus grande quantité de marrons.

Les Orléanistes cantonnés dans l'Académie française ont eu hier leur jour. M. Villemain a prononcé un discours sur les prix littéraires accordés par l'Académie.

M. Guizot a pris la parole pour proclamer les prix de vertu. En terminant, il a placé quelques unes de ses phrases semi-politiques que les grenouilles parlementaires reçoivent bouche béante: »

« Notre temps n'est point déshérité des vertus qui « font l'honneur et l'avenir des nations; vous pouvez aller « dans les lieux les plus divers, parmi les grands et les « petits, les riches et les pauvres, sur les champs de ba- « taille ou dans les villages les plus paisibles, à l'armée

« ou à l'Académie, vous trouverez partout de beaux et
« salutaires exemples de désintéressement, de courage, de
« générosité, de sympathie, de sacrifice. Soyons donc clair-
« voyants et sévères, mais non pas tristes et découragés
« sur nous-mêmes; ayons foi dans l'humanité et dans la
« France, leur dignité et leurs droits ont traversé et sur-
« monté dans le cours de leurs destinées des épreuves
« bien aussi graves que celles qui se mêlent depuis trois
« quarts de siècle à leur gloire et à leurs progrès. »

Messieurs les *découragés* ont fort applaudi en se promettant de l'être moins, et d'ailleurs le prophète Guizot n'a-t-il pas semblé leur promettre la chûte du *transitoire* actuel.

Lorsque les beaux jours parlementaires seront revenus que la France sera Thieriste ou Guizotiste, alors... alors... Thiers, Guizot, Rémusat, Villemain et consorts seront heureux et les socialistes remarcheront vers un nouveau 1848, mais vingt beaux parleurs troubleront quotidiennement la France en lui débitant du haut de la tribune parlementaire toutes les pauvretés de l'éloquence parlementaire.

M. Jules Sandeau, devenu fort important depuis qu'il est de l'Académie, assistait comme sous-diacre Guizot et Villemain.

Sandeau porte sa ronde personne sur ses petites jambes avec un magnifique respect de sa personne. Il a pris comme de Vigny sa qualité d'*immortel* au sérieux, il s'encenserait volontiers. Dans un salon, il fait des a-parte avec les autres *immortels* qu'il y rencontre, enfin il se tient dans son Olympe avec une gravité comique.

Jules Sandeau est attelé par le mariage à une grande et forte femme au puissant nez, brune de cheveux, l'œil assez hardi, la tournure bien cambrée, visant à l'élégance et au bien dire et visant mieux encore à la coquetterie. Jules Sandeau paraît fier de promener cette *belle femme!*

Grand bien lui fasse, mais cette délurée commère pourra joindre quelqu'ornement à la couronne de son immortel époux.

J'ai connu jeunes tous ces Immortels, la plupart étaient de bonne composition et fort naturels; aujourd'hui ils sont tous musqués et gourmés.

SAMEDI 27 AOUT.

Le comte de Morny a prononcé à l'ouverture du Conseil général du Puy de Dôme qu'il préside, un discours sur les défiances de l'Angleterre envers l'Empereur Napoléon. Il considère ces craintes défiantes comme l'œuvre des partis s'appuyant sur des instincts populaires dont ils entretiennent l'animosité pour conserver leur influence.

Quelques passages de ce discours sont intéressants à citer :

« Ai-je besoin de rappeler les incidents qui ont pré-
« cédé la guerre avec l'Autriche, pour établir que l'Em-
« pereur Napoléon, tout en voulant délivrer l'Italie, et
« dégager la frontière de la France de la pression Autri-
« chienne, eût préféré atteindre le but par un congrès
« que par la guerre, l'état et la situation de notre armée
« au moment de l'ultimatum de l'Autriche suffisent pour
« le prouver; et si les hommes d'Etat de l'Angleterre qui

« aujourd'hui trouvent que l'on n'a pas assez fait pour les « Italiens, avaient bien voulu avant la guerre exprimer les « mêmes sympathies, il est à présumer que les affaires « d'Italie eussent pu être réglées par la diplomatie. »

Et plus loin :

« Hélas, messieurs, peut-être qu'en Angleterre ceux « qui répandent ces frayeurs n'y croient pas plus que « vous ou moi ; mais en excitant la susceptibilité nationale, « en flattant quelques instincts populaires, on augmente « sa publicité comme journal, sa popularité comme homme « politique. On n'en commet pas moins une mauvaise « action, car on indispose les deux pays l'un contre l'autre, « on excite de vagues défiances, et l'on fait si bien qu'à « un jour donné, un incident sans valeur, un malentendu « facile à arranger dans de bons rapports, peut devenir « une complication sérieuse dans un état de réciproque « susceptibilité. »

Puis, le comte de Morny termine ainsi :

« Faisons à l'Angleterre une guerre industrielle et « commerciale, lutte de progrès et de civilisation, loyale, « avouable et qui profite au bien-être de tous.

« Voilà ce que désire l'Empereur . . . secondons ses « efforts . . . »

Tout cela est fort juste, mais Monsieur de Morny sait aussi bien que moi que l'Angleterre n'admet pas qu'on lui suscite une rivalité commerciale dans le monde, qu'on lui fasse concurrence et qu'on entreprenne de ressaisir le rang de puissance maritime de premier ordre, car elle n'admet la possession de colonies par la France qu'à la condition qu'elles ne pourraient être défendues en temps de guerre. L'Angleterre ne craint pas l'invasion, elle craint la France remontée au rang de puissance maritime; elle craint l'extension de son commerce. Tout gouvernement qui subira en France la pression de l'Angleterre, qui humiliera la fierté française par de trop grandes concessions aux orgueilleuses exigences de l'Angleterre, *tombera !*

L'alliance Anglaise est bonne, je le reconnais, mais les susceptibilités ne sont pas moins fortes de ce côté-ci du détroit que de l'autre et ce serait un malheur plus grand de les froisser jusqu'au vif, que de rompre l'alliance.

Dans l'affaire des *mariages Espagnols*, Louis Philippe a secoué le joug en scapin, et cela a été mauvais. Il faut que les deux pays n'imposent aucune contrainte, aucun joug l'un à l'autre, qu'ils marchent sur une ligne parallèle, alors l'alliance est possible, autrement comprise, elle est odieuse à la France.

Si la guerre d'Italie continuait, l'Angleterre volait l'Egypte ! Le Pacha en est instruit, et il met son état militaire sur un pied plus respectable. La France le sait aussi et elle ne peut avoir confiance en l'alliance.

MARDI 30 AOUT.

Dimanche, j'ai passé la plus grande partie de la journée en conversation intime avec S. A. I. la Princesse Mathilde et M. Benoit Champy, président du tribunal de 1re instance de Paris. M. Benoit Champy est un homme d'infiniment d'esprit, aimable et d'un bon caractère; assez ambitieux, ayant sacrifié à la révolution, mais que la route des honneurs a remis dans le droit chemin.

Comme d'habitude, Nieuwerkerke, Reiset et Arago ont joué au loto depuis midi jusqu'au soir.

La Princesse, quand elle se livre à la conversation intime, est charmante, pleine de finesse et de jugement en tout, excepté quand Nieuwerkerke est mêlé aux affaires qui l'occupent.

Dimanche donc, la Princesse, Benoit Champy et moi discourions sur les hommes et les choses du moment, et nous regrettions d'un commun accord que l'Empereur fût si mal entouré, et qu'il tînt si peu à la valeur intellectuelle et morale de ceux qui forment sa cour.

La Princesse prétendit qu'il ne les connaissait pas. Benoit Champy répondit que c'était un grand malheur, parce que le public juge volontiers ses souverains par ceux qui lui paraissent être ses favoris.

Chez l'Empereur, il y a les sots et les imbéciles qui sont les chambellans, les écuyers, en un mot, tout le service d'honneur à peu d'exception près (Quitry par exemple).

Puis, il y a la canaille, les fripons, les gens sans moralité, Bacciochi, Mocquard et Walsh le chambellan, petit filou au jeu comme Monsieur son frère aîné que Dujarrier dans son testament désignait comme lui ayant volé au jeu une somme considérable.

Il y a encore parmi les hommes de l'Empereur :

Haussmann, le préfet de la Seine, homme taré ;

Fould, ministre d'Etat, archi-taré.

Le livre publié par son fils l'empêchait de dormir, il a acheté à l'éditeur ce qui restait de l'édition et la propriété du manuscrit pour *huit cent mille francs*, mais douze cents exemplaires étaient déjà vendus. Benoît Champy doit en procurer un à la Princesse et je le verrai certainement.

Ce livre est accablant, dit-on, par les infamies qu'il révèle.

La Princesse nous a parlé du prince Napoléon son frère et de la Princesse Clotilde sa femme.

Ce couple si mal assorti fera des ennemis à l'Empereur; le prince par sa haine et son faux jugement, enfin par toutes les basses jalousies qui bouillonnent en lui.

La Princesse par l'étroitesse de son esprit et la bigoterie de sa dévotion ; elle est d'ailleurs toute Autrichienne, ne correspond qu'avec l'archiduchesse Marie, la plus violente des ennemies de la France, et semble par les affectations de sa hauteur vouloir tenir à distance tout ce qui l'approche. Sa hauteur a quelque chose d'insolent qui froisse, et cette suffisance dédaigneuse que la noblesse française ne souffrait jadis d'aucun *principaillon* étranger. La princesse Clotilde se trompe grandement, nous sommes gens à rendre insolence pour insolence, dédain pour dédain.

La Princesse Mathilde nous a lu une lettre très spirituelle de la reine des Pays-Bas sur la princesse Clotilde. La reine la connaît et la juge à merveille : elle dit qu'une « princesse *entourée d'une muraille de morgue chinoise* ne « peut prendre en France » et elle a parfaitement raison.

Mérimée est venu dîner, mais il n'a pu y avoir aucune conversation parce qu'Arago a *bouffonné* toute la soirée ; c'est le *lenitus* paillasse qui moyennant ses lazzi passe en se ménageant de tous côtés.

Le prince Napoléon le traite comme son Triboulet et son Bobèche.

La Princesse Mathilde nous a encore appris que messieurs les Autrichiens ne se montraient pas trop irrités du triste résultat pour eux de la campagne d'Italie, parce qu'ils comptent prendre leur revanche d'une manière éclatante.

Les journaux Anglais conseillent au roi de Piémont de s'emparer de toute l'Italie centrale sans attendre la permission de l'Europe.

Veuillot qu'on assure maintenant n'être ni n'avoir jamais été fou, disait une chose charmante dans un de ses derniers feuilletons à propos de M. About, ce jeune écrivain porté au troisiéme ciel parce qu'il a villipendé le gouvernement du Pape !

Veuillot disait donc :

« Les amis de Monsieur About le comparent à Voltaire,
« laissons les dire, Voltaire ne l'a par ma foi pas volé ! »

On ignore où en est la question des restaurations en Italie. Tout semble fort embrouillé ; les assemblées nommées sous l'influence du Piémont les déclarent impossibles.

Ici à Paris, l'Empereur reçoit le jeune grand-duc de Toscane, qui quelques jours après dine à Etioles chez Walewski avec l'envoyé Autrichien.

L'Italie ressemble en ce moment à la grenouille qui envie la *belle taille* du bœuf.

On est las de lire les louanges absurdes qui lui sont prodiguées par la presse. Tout cela tombera, et l'Italie est une plaie que nous nous sommes ouverte.

MERCREDI 31 AOUT.

Louis Blanc et Victor Hugo repoussent l'amnistie. Louis Blanc déclare ne pouvoir l'accepter que si toute liberté de recommencer ses prédications socialistes lui est accordée.

« L'amnistie n'acquitte pas la dette que *Louis Bona-* « *parte* doit à la France », dit Louis Blanc, et il ajoute :

« Qu'il soit mis un terme au régime si odieux qui « confisque la liberté personnelle sur un simple soupçon, « et qui est dans le fait pire que la fameuse loi des sus- « pects rendue dans les plus sombres jours de la révolu- « tion française.

« Qu'il soit solennellement admis en principe que nul « ne sera désormais traité de coupable qu'après avoir été « par l'organe du jury déclaré tel.

« Que la presse soit rendue libre par le retrait de cet « écrasant système d'avertissement qui annule le jury et qui « met toute la fortune d'un homme en péril pour un mot « hasardé.

« Que la représentation nationale élue en dehors de « toute espèce de contrainte, soit reçue à parler ouverte- « ment au pays, sans qu'aucune entrave soit apportée à « la publicité de ses délibérations.

« Que la France enfin soit ré[illegible] dans la jouissance « de ces droits qui constituent l[illegible] civile et politique.

« Alors l'amnistie sera une [illegible] claire et appré- « ciable. Jusque là elle demeure exposée au soupçon de

« manque de sincérité et peut être considérée comme un « signe de faiblesse plutôt que de force.

« Lorsque tout ce que je viens de dire aura été fait, « oh alors — et j'insiste sur ce point afin d'aller au-devant « de toute interprétation fausse, ce pourra être, non-seule« ment le désir, mais le devoir de ceux qui se seraient « résignés à un exil volontaire, de rentrer dans leur pays « non pas certes pour imposer de force leurs opinions « particulières à la majorité du peuple qui n'en voudrait « pas, mais pour les soumettre à l'épreuve d'une discussion « paisible et libre, de telle sorte qu'on les adopte si on « les trouve bonnes, et qu'on les rejette dans le cas con« traire. »

Telles sont les conditions de ce grand homme qui a nom Louis Blanc ; en d'autres termes, rendez-lui le Luxembourg et les ateliers nationaux, il recommencera juin 1848.

Quant à Victor Hugo, il met toujours au service de sa vanité la même emphase, le même style sonore et creux.

« Personne n'attendra de moi que j'accorde en ce qui « me concerne, un moment d'attention à la chose appelée « amnistie.

« Dans la situation où est la France, protestation ab« solue, inflexible, éternelle, voilà pour moi le devoir.

« Fidèle à l'engagement que j'ai pris vis-à-vis de ma « conscience, je partagerai jusqu'au bout l'exil de la liberté. « Quand la liberté rentrera, je rentrerai. »

Voilà l'ultimatum de l'ex-pair de France.

Quant à Proudhon, la conclusion de sa lettre mérite d'être citée :

« Je voudrais savoir si Napoléon III se figure qu'il a « vaincu pour deux ; pour l'église et pour lui. J'aurai le « plaisir, je l'avoue, d'aller voir si la France est aussi « jésuite et encapuchonnée qu'on le suppose ; oui, j'irai au « risque de me voir condamner de nouveau pour outrages « aux mœurs. »

Les trois grandes vanités de l'exil pensent-elles en imposer à personne sur leur amour du bien public ?

Ce sont trois formes différentes de l'ambition, toutes trois voudraient gouverner la France ? Celui qui y parviendra fera pendre les deux autres.

En fait de nouvelles d'Italie, *La Presse* rapporte que le bruit courait le 26 août à Florence d'une attaque des troupes pontificales contre Mezzacapo.

A Florence, il paraît que la population n'est pas si unanime qu'on le prétend à bannir le grand-duc ; des pétitions sollicitant sa restauration se couvrent de nombreuses signatures.

Les journaux Toscans prodiguent l'injure au prince Poniatowski qu'ils regardent comme le promoteur de ces manifestations.

Le journal *La Presse* s'est donné la singulière mission de preuver que l'Angleterre est menacée par la France, et qu'elle a raison de continuer ses armements, et que c'est le langage de nos journaux qui la provoquent ; à cette occasion *La Presse* dit :

« Le peuple qui a été l'âme des quatre plus grandes « coalitions que le monde ait vues depuis la fin du quin- « zième siècle ; qui a lutté victorieusement contre Louis XIV, « arrêté les entreprises de Gustave-Adolphe contre le Dane- « mark, de Catherine contre la Turquie ; soutenu contre

« la République Française et contre l'Empire une lutte « sans exemple dans l'histoire; peuplé les Etats-Unis, « l'Amérique Anglaise, l'Inde, l'Australie, et fondé sur « tous les points du globe des colonies dont quelques-unes « sont de grands et puissants Etats, ce peuple ne peut « rester simple spectateur des événements capables de « changer la face de l'Europe. Il ne peut pas surtout « s'exposer à revoir le temps où Tromp et Ruyter remon- « taient jusqu'au pont de la Tamise. »

Monsieur A. Peyrat qui signe cet article, est-il Anglais ou Français? et pourquoi cet étalage exagéré de la puissance Anglaise?

L'Amérique était fort mal peuplée lors de son insurrection contre la mère patrie, et malgré cela elle vint à bout de l'Angleterre, cette reine des coalitions.

Quant à l'Inde, c'est une plaisanterie de dire qu'elle a été peuplée par l'Angleterre. Ce qui est vrai c'est que les hommes animés de l'esprit de M. Peyrat ont été nombreux depuis un siècle, et qu'ils ont permis à l'Angleterre de s'emparer sur tous les points du globe de stations importantes.

Si l'Angleterre ne peut pas s'exposer à revoir le temps où Tromp et Ruyter remontaient jusqu'au pont de la Tamise, la France ne peut s'exposer à voir un commissaire Anglais à Cherbourg comme il y en a eu un trop longtemps à Dunkerque; et si l'Angleterre est justifiée de continuer ses armements, pourquoi désarmerions-nous? pourquoi arrêterions-nous les travaux d'augmentation de notre flotte?...

M. A. Peyrat a fait une œuvre anti-française qui cenpedant aura un résultat tout différent de celui que se proposait son auteur; le public sentira plus fortement la nécessité pour la France de porter toute la force de l'Etat vers la marine.

La France est dans un de ces moments qui décident de l'avenir; si elle veut rester grande puissance de premier ordre, il faut qu'elle puisse lutter sur mer contre l'Angleterre et qu'elle ne prenne pas pour arrêts du destin la prose suivante de M. Peyrat :

. . . « L'Angleterre est toujours située de manière à « rendre très difficile sinon impossible la seule chose qui « pût la menacer sérieusement, c'est-à-dire la réunion de « toutes les flottes Européennes.

« Elle coupe la communication du Nord avec le Midi « de l'Europe, et nous ne voyons pas comment les flottes « de la Baltique rejoindraient celles de l'Océan, et encore « moins celles de la Méditerranée.

« Ces idées de coalitions maritimes ne sont plus de « notre temps et d'ailleurs l'histoire nous apprend qu'elles « sont presque toujours impuissantes.

« Dans la guerre d'Amérique, les flottes de France et « d'Espagne ne purent pas se réunir après le combat du « 12 avril 1782; plus tard, elles aboutirent au Ferrol et « à Trafalgar. »

Ce qui avait préparé le Ferrol et Trafalgar, M. Peyrat ne l'ignore pas, c'est la désorganisation de la marine Française par la révolution, car sous Louis XVI la marine Française eût de beaux jours contre la marine Anglaise.

VENDREDI 2 SEPTEMBRE.

Les journaux prétendent que la réunion de Zurich ne peut s'entendre même sur les questions secondaires. En attendant, l'Angleterre presse le roi de Piémont d'accepter purement et simplement l'annexion des duchés et des légations. On saura sous très peu de jours la décision du roi.

L'Angleterre surtout voudrait renverser le Pape et la Papauté; il y a en Angleterre comme un redoublement de fanatisme et le correspondant de l'*Indépendance Belge* lui écrivait de Londres à ce sujet sous la date du 30 août :

« Nous sommes menacés ici d'une sorte d'épidémie « spirituelle au sujet de ce qu'on appelle les *réminiscences* « *de la tradition,* lesquelles ont déjà troublé tant de cer- « veaux dans le Nord. C'est du reste une importation de « l'Amérique; la maladie semble gagner ici. Déjà des per- « sonnes des deux sexes appartenant aux classes élevées « de la société, cherchent à provoquer des passions reli- « gieuses dans le peuple. Il y a eu ces jours derniers « dans divers quartiers de Londres, des réunions organisées « dans un but de prières, mais qui sont de véritables « foyers de fanatisme.

« *Les réminiscences de la tradition* sont présentées « comme des manifestations directes de l'esprit divin. On « ne peut nier que la torche ne soit rapprochée de maté- « riaux des plus inflammables lorsqu'on réfléchit aux divi- « sions qui règnent dans l'église d'Angleterre et à l'aug- « mentation rapide des diverses sectes de dissidents. »

J'ai rencontré hier Latour Dumoulin que la Princesse Mathilde prétend être attaché à la haute police. Il m'a parlé de La Guéronnière et de la position qui lui est faite. Il a 25,000 francs comme conseiller d'Etat, 30,000 francs comme directeur de la Publicité, 12,000 francs de frais de représentation et le logement!

Je pense qu'en secret il doit toucher du journal *La Patrie* une vingtaine de mille francs. Ce monsieur est donc bien rénuméré.

J'ai largement contribué à le faire ce qu'il est et je me suis trompé comme l'Empereur se trompe d'ailleurs; La Guéronnière n'est qu'une plume sans moralité et sans dévouement; c'est l'égoïsme le plus parfait; toujours prêt à se transfigurer selon que l'exigera son intérêt; vaniteux à l'excès et important, il a fait un livre de portraits politiques; tous les chefs de partis y sont bien traités. Si la restauration d'Henri V avait lieu, La Guéronnière serait pair de France. J'ai été longtemps assez bête pour croire qu'il y avait un parti à tirer de cet homme-là. Il ne dépare point l'entourage de l'Empereur qui sur douze apôtres a au moins onze Judas. Je ne connais de sincèrement dévoué que Fleury.

La démocratie Allemande fait connaître par la *Gazette de Voss* les résolutions adoptées par la réunion démocratique tenue à Eisenach le 14 août en faveur de la réforme de la constitution allemande.

La paix conclue entre la France et l'Autriche accroit suivant ces messieurs, les dangers de l'Allemagne; alors suit une série de propositions dont il suffit de citer les 3°, 4° et 5° pour faire apprécier l'esprit de ce document.

« 3° Il est nécessaire que la Diète Germanique soit « remplacée par un gouvernement central de l'Allemagne, « qui soit solide, fort et durable, et que l'on convoque « une assemblée nationale allemande.

« 4° Dans les circonstances actuelles les démarches « efficaces à cette fin ne peuvent émaner que de la Prusse; « il faut donc travailler à ce qu'elle en prenne l'initiative.

« 5° Si l'Allemagne allait être de nouveau menacée « de l'extérieur, il y aurait lieu jusqu'à la constitution « définitive du pouvoir central germanique, de confier à « la Prusse la direction des forces militaires, et la repré- « sentation diplomatique de l'Allemagne à l'étranger. »

SAMEDI 3 SEPTEMBRE.

Différentes versions circulent sur les travaux de la conférence de Zurich. Suivant les uns, les plénipotentiaires n'auraient pu s'entendre et la conférence se terminerait. Suivant les autres, la question des frontières Lombardes et celle de la dette seraient résolues; les autres questions seraient renvoyées à un congrès.

C'est demain que le roi Victor-Emmanuel reçoit la députation Toscane; de la réponse qu'il lui fera ressortiront de grands événements.

Un correspondant du *Times* prétend que les assemblées de l'Italie centrale veulent faire confirmer leurs résolutions par le suffrage du peuple. Ce qu'il y a de certain, c'est que les élections faites sous le contrôle du Piémont, sous la pression de ses agents et à l'aide du suffrage restreint, manquent de franchise.

Une correspondance particulière du journal *La Presse* datée de Turin le 31 août, contient un aveu bon à enregistrer :

« On sait par qui la grande révolution que l'Italie « centrale vient d'accomplir lui a été suggérée patiemment « pendant plusieurs années et que c'est du cabinet Pié« montais qu'en est parti le signal depuis quatre mois. »

On fait grand bruit comme toujours dans les journaux *libéraux* de l'arrestation en Italie de quelques conspirateurs *les plus innocents du monde* suivant ces journaux.

La même tactique est toujours suivie, cela est bon à remarquer. Il y a quelques mois, le Piémont et tous ses partisans criaient à la calomnie lorsqu'on l'accusait de fomenter des troubles en Italie; aujourd'hui on en fait un titre de gloire au Piémont.

De même pour ces *innocents* arrêtés par la police Romaine ou Napolitaine.

« Un de ces malheureux *persécutés* est M. Mattia Mon« tecchi, ex-triumvir à Rome en 1849, excellent patriote « qui n'est aucunement Mazzinien, tant s'en faut, mais qui « a été compromis par quelques mots à son égard écrits « par Mazzini dans une des lettres saisies. »

Le journal *La Presse* a fort raison de plaindre ce pauvre Montecchi si méchamment compromis par Mazzini.

A Constantinople, le Ministère Turc aurait eu des velléités de nous faire subir quelques petites avanies. Thouvenel a forcé ce monde là à des excuses. Les agents Autrichiens nous montrent tout le mauvais vouloir possible.

On promène, en ce moment, en Algérie une pétition qui, disent certains journaux, se couvre de signatures, pour demander à l'Empereur de replacer S. A. I. le prince Napoléon à la tête du Ministère de l'Algérie et des colonies. Les fabricateurs de cette pétition s'étendent longuement sur ce que le prince a fait d'utile pendant son Ministère; *les juifs appelés dans les Conseils généraux*, etc.

Les juifs doivent être à la tête de cette manifestation ; il manquait au prince Napoléon désavoué par l'armée de Crimée et par celle d'Italie, *un peu* honni par tout le monde, d'être patronné par les juifs.

D'ailleurs en France, les adresses au Pouvoir, les manifestations signées, les jeunes filles vêtues de blanc portant fleurs et compliments au Souverain, ont à mes yeux la même valeur et n'expriment aucune opinion réelle.

La Royauté, la République et l'Empire ont eu de tout cela, le prince Napoléon peut se faire acclamer la providence de *l'Algérie*. Schelcher, l'ancien marchand de porcelaines, a bien été acclamé en 1848, comme un des apôtres du pays, le pauvre Schelcher, il était bien plus heureux lorsqu'il vendait des cuvettes sur le boulevard des Italiens! et nous Français, nous voudrions bien voir le prince Napoléon, qui ne se bat pas à l'armée, passer son temps, comme jadis, à faire semblant de se battre avec La Roche-Pouchin.

La cantinière revenant d'Italie et qui a été tuée par un accident de chemin de fer, a été estimée par le tribunal à 30,000 francs que touchera son mari, musicien de régiment. Avec cette nouvelle méthode empruntée aux barbares du 8e siècle de compenser la mort, les chemins de fer devront en arriver à la progressivité du prix des places, suivant la valeur du voyageur.

Que vaudrait donc Rothschild si quelque chemin de fer nous le tuait ?

J'oubliais de noter qu'un correspondant du *Times* donne de mauvais renseignements sur l'armée des fédérés Italiens; il prétend qu'elle a peu de cohésion et qu'elle tend à se dissoudre.

DIMANCHE 4 SEPTEMBRE

Le *Constitutionnel* emprunte au *Courrier de l'Europe*, journal français qui se publie à Londres, la pièce suivante:

Déclaration.

Votée à l'unanimité par les proscrits français de la commune révolutionnaire.

A nos concitoyens.

L'édifice est couronné, l'Empire a comblé son injure envers nous; il la fait pleine et entière: il nous amnistie ... nous ne l'amnistions pas. Les principes ne pardonnent pas. Les républicains de février ne pardonnent pas à l'Empereur de décembre. Ils protestent contre son pardon. Après avoir osé punir, il ose absoudre; il consomme l'usurpation. Le crime n'a pas le droit d'absoudre les victimes. Il n'a pas plus le droit de grâcier que le droit de proscrire. Le droit de grâce ne va qu'avec le droit de peine, et ce droit est à nous, à nous contre lui. Ce que nous étions hier, nous le sommes aujourd'hui et nous le serons demain, toujours et partout, en exil ou en France, malgré coup d'Etat et coup de grâce, ayant le droit sur lui, ayant le droit pour nous, contre l'exercice de notre droit intact et souverain qui prime et sa clémence et sa rigueur, il y avait, quoi? Une force de fait qui cède, un obstacle qui tombe, une porte qui s'ouvre. Libre à nous d'en user maintenant comme bon nous semble pour les besoins de notre cause. A lui nous ne devons que justice. Nous la lui ferons tôt ou tard. Si donc, tôt ou tard, nous rentrons chez nous, nous le déclarons à cette heure, nous rentrerons comme nous sommes sortis, en citoyens, nous rentrerons de notre droit plein et entier, et pour mieux faire tout notre devoir.

Londres le 21 août 1859.

Le délégué : *Félix Pyat.*

Il n'y a rien à dire contre de telles monstruosités ; la commune révolutionnaire est un composé de l'aristocratie Marat ; n'en parlons plus.

M. le baron Sérurrier, ancien préfet, est chargé de la section du colportage au Ministère de l'Intérieur.

Ce baron est un crétin de première force qui sollicitait, il y a cinq ou six ans, comme on peut le voir dans mes premiers volumes, l'appui de Monseigneur le duc de Bordeaux auprès des électeurs légitimistes.

L'Angleterre enrôle des marins en Amérique pour les besoins de sa marine.

Les souverains qui ont des Suisses à leur service, sont conspués par la libre Angleterre qui engage des Américains, cela est bien différent.

L'Indépendance Belge avec un sans façon merveilleux, fait part à ses lecteurs des projets de l'Empereur Napoléon contre l'Angleterre :

« Napoléon III veut déchirer les traités de 1815 et « faire descendre l'Angleterre du rang qu'elle tient de ces « mêmes traités. »

En un mot, l'*Indépendance* use de toutes ses puissances de raisonnement pour effrayer l'Angleterre sur les intentions de la France.

D'un autre côté, le Ministère Chazal pour obtenir du Sénat Belge les fortifications d'Anvers, chante sur tous les tons que la guerre générale est imminente.

Le pauvre vieux général Sauboul est mort de la rupture d'un anévrisme, il était du Cercle Impérial, fort bon homme, peu lettré et peu spirituel, mais homme de cœur et d'énergie.

En 1848, il commandait le régiment caserné rue de la Pépinière et il le fit sortir de Paris, sans le laisser désarmer, malgré les supplications des bons bourgeois et même du duc de Fézensac (je le tiens de Sauboul), il alla rejoindre à Rossen le général Castellane. Sauboul a commandé l'hôtel des Invalides.

MARDI 6 SEPTEMBRE.

La réponse du roi de Sardaigne à la députation Toscane est bien diversement jugée. Le journal *Le Siècle* la trouve prudente et habile, le *Times* l'approuve, mais l'*Union* la trouve sans énergie. Le *Journal des Débats* dit qu'elle est tout ce qu'elle pouvait être; l'*Indépendance Belge* la trouve plus pâle qu'elle ne s'y serait attendue.

Le bruit court que le gouvernement Français a fait dire au Pape qu'il était résolu à lui maintenir ses droits de souverain dans une certaine mesure, c'est-à-dire qu'il conserverait dans ses Etats le droit de suzeraineté et la direction des affaires ecclésiastiques et étrangères, tandis que les populations seraient administrées par un gouvernement laïque; la cour de Rome repousserait ce projet, si peu d'accord avec les promesses qui lui ont été faites et les paroles qui ont été prononcées.

Dans sa réponse aux députés Toscans, Victor-Emmanuel les engage à ajouter à la modération la persistance, leur promettant de soutenir leur cause auprès des puissances.

J'ai trouvé Sérurrier allant faire une visite à la Princesse Mathilde. Ce drôle-là a déjà un petit air important qui donne à sa figure bête la plus singulière physionomie. Je l'ai fait causer sur la composition de l'administration confiée à La Guéronnière. C'est un tohu bohu de paresseux importuns et d'incapables importants; La Guéronnière joue au ministre, c'est lui qui tire les ficelles du paillasse Padoue.

Quant à la direction particulière, il a sous lui pour l'affaire du colportage Sérurrier dont j'ai dit ce que je pensais, et sous Sérurrier un Monsieur socialiste et athée.

La surveillance de la presse est confiée à un Monsieur Savigniac ou quelque chose d'approchant qui ne se doute point de ce que c'est que la presse, mais qui est pourvu de deux honneurs qui par le temps actuel équivalent à deux brevets de capacité.

1° Il est petit parent de très haut et puissant seigneur de La Guéronnière.

2° Il a épousé une femme protégée par l'Impératrice.

Ce que l'Impératrice protège, Dieu le veut et c'est pour le mieux.

Cela n'étonne personne, car dernièrement causant de la reine Marie-Antoinette, quelqu'un me dit (c'était quelqu'un de la cour actuelle) :

« La reine eût le grand tort de mécontenter la noblesse, en voulant donner le pas sur elle, à une princesse de Lorraine, cousine de la maison d'Autriche. »

Mais, répondis-je, c'était la parente, la courtoisie française devait engager la noblesse à faire cette concession à sa souveraine.

Le courtisan actuel ne vit pas le piége qui lui était tendu, et il me répondit avec une belle vivacité :

« Il n'y a courtoisie, ni parenté qui tiennent, la noblesse a eu raison. Une souveraine d'ailleurs n'a pas de parents à opposer à ses sujets. »

Alors je repris : Tout beau ! Monsieur de l'habit-brodé ; prenez-garde à vous, vous frisez la disgrâce. Que direz-vous donc de Madame la duchesse d'Albe, sœur de notre Impératrice, qui prend le pas sur les femmes des maréchaux et des ministres ?...

Que direz-vous de Madame la duchesse d'Hamilton qui en fait autant, comme née princesse de Baden. Sous ce prétexte que sa mère est de la famille Beauharnais ?

L'habit-brodé n'a pas répliqué.

Les *grands seigneurs* actuels sont plus faciles que ceux d'autrefois, ils sont plats à la cour espérant prendre leur revanche, mais il n'y a guère que leurs laquais qui

Quand on s'est promené au milieu de ce qu'on appelle la cour actuelle, on se retire le cœur soulevé par un immense dégoût ; tout ce qui n'est pas bête est ignoble, et tout ce qui est ignoble est comblé de prévenances et d'honneurs.

Toutes les jolies femmes font leur cour à Bacciochi pour coucher avec l'Empereur ! ... coucher avec l'Empereur mène à tout.

Voyez Walewski, sa femme lui vaut . . . . . . son pesant d'or.

Voyez La Bedoyère, le plus sot, le plus sale, le plus gras et le plus bête des hommes ; il s'est marié, sa femme en a fait un superbe cocu, puis ayant couché avec l'Empereur, son mari est devenu chevalier de la légion d'honneur et sénateur ! ...

Ah, Monsieur le sénateur,
Je suis votre humble serviteur !

Mocquard, ancien aide-maquereau de l'Empereur, c'est lui qui promenait Madame Howard, filou comme je l'ai raconté, égoïste et bon voleur.

Walsh, chambellan, filou au jeu (comme son père et son frère), ancien entretenu de Madame de Coislin.

etc., etc.

Tout ce monde fait un tort immense à l'Empereur, qui ne connaît que lui et n'a que par lui des rapports avec le monde réel.

MERCREDI 7 SEPTEMBRE.

Les journaux nous apportent le texte officiel de la réponse du roi de Sardaigne à la députation Toscane qui était venue lui offrir la réunion de ce duché à son royaume; la voici:

« Je suis profondément reconnaissant du vote de l'as« semblée Toscane dont vous êtes les interprêtes auprès « de moi.

« J'accueille ce vote comme une manifestation solen« nelle de la volonté du peuple Toscan, qui, en effaçant « de cette terre autrefois mère de la civilisation moderne, « les derniers vestiges de la domination étrangère, désire « contribuer à la constitution d'un royaume fort qui mette « l'Italie en position de suffire à la défense de sa propre « indépendance.

« L'assemblée Toscane a pourtant compris et avec elle « l'Italie tout entière le comprendra, que l'accomplissement « de ce vote ne pourra s'effectuer que par le moyen des « négociations qui auront lieu pour le règlement des choses « Italiennes.

» Suivant votre désir et soutenu par les droits que « votre vote m'a conférés, je défendrai la cause de la Tos« cane devant les puissances en qui l'assemblée avec un « grand sens, repose ses espérances, et surtout près du « généreux Empereur des Français qui a tant fait pour « la nation Italienne.

« L'Europe ne refusera pas, je l'espère, d'exercer en-
« vers la Toscane l'œuvre réparatrice que dans des cir-
« constances moins favorables, elle exerça déjà en faveur
« de la Grèce, de la Belgique et des principautés Moldo-
« Valaques.

« Un admirable exemple de modération et de concorde
« a été donné, Messieurs, dans ces derniers temps par
« votre noble pays! à ces vertus que le malheur a en-
« seigné à l'Italie, vous ajouterez, j'en suis certain, celle
« qui vient à bout des épreuves les plus ardues, et assure
« le triomphe des justes entreprises, la persévérance. »

Ce discours est applaudi par les uns, tandis que les autres le trouvent trop plein de ménagements.

Le *Morning-Herald*, organe du parti Tory, s'élève avec une grande force contre l'ambition du roi Victor-Emmanuel, et nie la légalité des élections qui ont eu lieu dans les duchés. Il acceptera le vote des Italiens si dans une nouvelle élection ils sont abandonnés à leur libre arbitre, et surtout si les agents de la Sardaigne ne pèsent plus sur leur volonté.

On doit se souvenir qu'en effet, généraux, dictateurs, administrateurs, étaient ou sont Sardes dans l'Italie centrale.

Il y a beaucoup de comédie dans toutes ces affaires Italiennes.

Le marquis de Ferrière est rappelé de Florence, et Poniatowski proclame publiquement dans les journaux sa qualité d'envoyé de l'Empereur.

On parle toujours d'un congrès. Enfin tout est encore fort embrouillé.

Nous avons parlé, il y a quelque temps, des mouvements de la Savoie pour se séparer de la Sardaigne.

Cette province toute Française, en voyant accueillir l'idée d'un royaume Italien et reconnaître le droit des nationalités à réclamer contre leurs annexions à d'autres nationalités, a cru avec bonhomie que ce principe était absolu; elle a en conséquence exprimé sa répugnance à faire partie d'un royaume Italien, et avec une franchise dont on lui a su fort mauvais gré, elle a demandé son annexion à la France.

Le journal *L'Indépendant d'Aoste* a exprimé dans ses colonnes le vœu des Savoyards, suspendu pour ce fait, en attendant la décision des tribunaux Sardes auxquels il avait été déféré, il vient d'être condamné par le tribunal d'Aoste à deux mois de suspension, son gérant à trois mois de prison et mille francs d'amende et son imprimeur à cent francs d'amende et aux frais.

Ceci se passait au moment où les députés Toscans étaient comblés d'honneurs et de louanges à Turin pour la noble indépendance avec laquelle ils exprimaient un vœu analogue, mais Italien au nom de la Toscane.

Les Toscans veulent être régis, dit-on, par le roi de Piémont. Italiens, ils ne veulent pas être gouvernés par des Allemands, subir l'influence Allemande, c'est très bien!

Les Savoyards sont Français, ils ne veulent pas devenir une province d'un royaume Italien et redoutent de voir leur nationalité perdue dans la nationalité Italienne, c'est très mal!

Voilà comment vont les choses humaines; la justice humaine a de ces allures-là.

On prétend que les dotations établies sur le *Monte Milano* par l'Empereur Napoléon Ier en faveur des Monge, des Bassano et autres sont rétablies. Le général Marey Monge, petit-fils du célèbre Monge, a pris le titre de comte de Peluze donné à son grand-père.

Le duc de Bassano retrouverait une grande fortune ! . . . et que l'on vienne dire après cela que la France n'a rien gagné à la guerre d'Italie ! !

VENDREDI 9 SEPTEMBRE.

Les affaires d'Italie préoccupent toujours vivement le public ; mille rumeurs circulent, les gens *bien informés* débitent les plus étranges nouvelles, tantôt sur l'impossibilité qu'éprouve la conférence de Zurich de s'entendre sur aucun point ; tantôt à propos d'un congrès Européen accepté suivant les uns par toutes les puissances, repoussé énergiquement par l'Autriche suivant les autres.

Puis, ce sont les organes de la presse qui prétendent qu'en prévision de ce congrès les puissances neutres réunies en conférence à Ostende se mettent d'accord pour faire prévaloir une décision commune.

Le journal *Le Nord* se croit autorisé à annoncer que le roi des Belges ira faire une visite à l'Empereur Napoléon à Biarritz.

Une dépêche télégraphique de Berne annonce qu'on prépare le château d'Arenenberg pour une nouvelle entrevue de l'empereur d'Autriche et de l'Empereur des Français, et à ce sujet le journal *La Presse* par l'organe de A. Peyrat libéral plus qu'avancé très partisan de l'Angleterre termine un article fort long par les phrases suivantes :

« En ce moment, une alliance intime entre l'Autriche « et la France, deux mois après la guerre quand les bles- « sures de nos soldats saignent encore, serait incompré- « hensible et produirait en Europe une déplorable im- « pression. Elle mettrait le désarroi en Italie, méconten- « terait la Russie, alarmerait la Prusse, et l'Angleterre y « verrait un motif déterminant de se tenir plus que jamais « sur ses gardes.

« En 1809, dans une réception du corps diplomatique, « Napoléon dit à M de Metternich : *J'ai toujours été dupe « dans toutes les transactions avec votre cour.*

« Aujourd'hui, la duperie serait aussi grande et moins « excusable. »

M. Peyrat qui s'appuie sur l'opinion de Napoléon Ier pour combattre la possibilité d'une alliance avec l'Autriche et qui rapporte encore relativement à l'Autriche les paroles ci-dessous du même Empereur, devrait bien nous dire ce qu'il pensait de l'alliance Anglaise :

« L'Autriche sera notre ennemie, non-seulement tant « qu'elle aura des pertes à réparer, mais encore tant que « la puissance de la France pourra lui faire craindre de « nouveaux affronts. Cet instinct de jalousie est plus fort « que tous les intérêts, que toutes les affections » et M. Peyrat qui s'élève chaque jour contre la persistance de la haine nationale Française contre l'Angleterre, ajoute :

« Ce qui était vrai en 1813, l'est encore aujourd'hui. »

Par contre, l'Angleterre qui nous détestait en 1813 nous adore aujourd'hui. Décidément M. Peyrat est un profond politique.

Le gouvernement provisoire de la Toscane est déjà en guerre contre son clergé et Salvagnoli, dit le *Times*, *semble par goût s'occuper à donner du fil à retordre aux prêtres et il faut espérer que ce ministre des cultes Toscan n'abandonnera à personne le soin de les mettre à la raison.*

Les agents du gouvernement Sarde en tournée dans l'Italie centrale sont: Michel Angelo Castelli, ami et agent du comte de Cavour; M. Brofferio du Parlement Sarde; M. Valerio.

La *Gazette de France* prétend tenir de source certaine que notre ambassadeur à Rome a fait connaître au Pape l'ultimatum de l'Empereur:

« L'Empereur donne au Pape le choix entre le réta-« blissement des choses dans les Etats Romains telles « qu'elles étaient avant la République et telles que l'a « promis la proclamation ou statut, daté de Porticci le « 16 novembre 1848, et l'abandon par la France du gou-« vernement Pontifical à ses propres ressources.

« Rome sera évacuée le 30 novembre prochain dans « le cas où le souverain Pontife ne voudrait pas accepter « la première condition. Quant aux Romagnes, Napoléon « a déclaré positivement ne pouvoir, ni même vouloir les « faire rentrer par la force sous l'autorité légitime.

« En faisant part de ce résultat à un grand person-« nage de l'Etat, on dit que le souverain Pontif s'est écrié: « C'en est fait, nous sommes sacrifiés! »

Tandis que la *Patrie*, le *Siècle*, le *Journal des Débats*, le *Constitutionnel* délivrent à la *nouvelle Italie* de magnifiques brevets de sagesse et de modération : la *Gazette de France* donne les nouvelles suivantes :

« Vous avez eu l'air de douter que deux prêtres
« eussent été fusillés à Rimini, parce que cet acte de bar-
« barie politique n'était relaté dans aucun journal de la
« péninsule.

« Nous vous annonçons, malgré le silence que pour-
« ront garder ces journaux, que dans le mois d'août, *six*
« employés pontificaux ont été égorgés à Imola, et un der-
« nièrement à *Césène* pour avoir voulu voter selon leur
« conscience. On voulait faire de l'intimidation. »

Ce que la *Gazette de France* dit de mieux, et le point où elle est tout à fait dans le vrai, nous l'indiquerons en la laissant parler :

« Il n'y a plus, en effet, à se faire d'illusion sur le
« but que poursuivent la révolution, l'Angleterre et le
« Piémont étroitement unis dans leur œuvre anti-catho-
« lique, anti-française. Ce ne sont pas les droits des peu-
« ples qui intéressent ces trois alliés ; ces droits on les a
« méconnus dans l'acte de *cession* territoriale de la Lom-
« bardie au Piémont. Ce n'est pas non plus l'amour de
« la liberté qui les met en campagne ; la dictature Pié-
« montaise en Sardaigne et dans les duchés s'est montrée
« plus oppressive, plus dure, plus arbitraire que partout
« ailleurs.

« Non, la vérité c'est qu'on en veut à Rome, et l'on
« se rue contre le trône Pontifical pour mieux détruire
« notre prépondérance dans la péninsule. »

Enfin nous lisons dans le *Journal de Rennes :*

« L'Angleterre pousse à placer toute l'Italie sous la domination du Piémont. Il ne faut pas s'en étonner, le

« cabinet Palmerston-Russel a trois puissants motifs pour « favoriser l'ambition du Piémont : 1° l'espoir de détruire « l'autorité temporelle du Pape ; 2° l'intérêt d'avoir toute « l'Italie gouvernée par une dynastie qui sera dominée « par l'influence de l'Angleterre, comme la maison de « Bragance en Portugal ; 3° établissement d'un grand Etat « Italien qui servira de contre poids à la France, qui « pourra lui susciter de sérieux embarras et s'allier à ses « ennemis. »

Tel est le tohu bohu d'opinions qui existe sur les affaires d'Italie ; qui vivra verra !

En attendant, l'Italie envoie des adresses au *grand* M. Havin, directeur du *Siècle*, et elle se prépare à lui offrir des présents !... l'adresse a été remise à l'un des rédacteurs du *Siècle* de service en Italie, par le docteur Charles Zanolini, fils du président de l'assemblée constituante de la Toscane.

M. Montanelli a affublé M. Havin du titre de *zouave de la parole*.

C'est la parade Italienne !

Pour épuiser la série des nouvelles de l'Italie, il faut encore noter une déclaration publiée par *l'Univers* et attribuée à plusieurs citoyens Toscans contre l'oppression qui, disent-ils, pèsent sur leur pays. Les signataires de ce document protestent *« devant Dieu, devant l'Empereur « des Français »* contre les délibérations de l'assemblée Toscane.

Une des charmantes phrases du *Times* sur la situation de Florence est celle-ci :

« On remarque sur la physionomie des prêtres qui « errent dans les rues de Florence une expression d'arrogance et même de défi qui suffit pour communiquer à « tout paisible chrétien cette *clérophobie* qu'on impute trop « généralement au parti libéral de ce pays. »

Donc de par le *Times*, voilà une excuse trouvée pour *les chrétiens paisibles et clérophobes*, le jour où ils pendront les prêtres.

Comme preuve de la parfaite bonne foi de la Sardaigne qui ne veut pas être accusée d'influencer à son profit l'Italie centrale, il faut relater que l'armée de l'Union sera commandée par trois généraux Sardes, Messieurs Fanti, d'Azeglio, Garibaldi.

Des décrets du 7 août signés du roi Victor-Emmanuel mettent en disponibilité les généraux Fanti et d'Azeglio; la même mesure avait été prise pour permettre à Garibaldi de passer au service de l'Union et de préparer l'annexion.

SAMEDI 10 SEPTEMBRE.

Le *Moniteur* contenait ce matin l'article suivant:

« Quand les faits parlent d'eux-mêmes, il semble au « premier abord inutile de les expliquer. Cependant lors« que la passion ou l'intrigue défigurent les choses les « plus simples, il devient indispensable d'en rétablir le « caractère, afin que chacun puisse apprécier en connais« sance de cause la marche des événements.

« Au mois de juillet dernier, lorsque les armées Franco-« Sardes et Autrichiennes étaient en présence entre l'Adige « et le Mincio, les chances étaient à peu près égales des « deux côtés; car si l'armée Franco-Sarde avait pour elle « l'influence morale des succès obtenus, l'armée Autri-« chienne était numériquement plus forte et s'appuyait « non-seulement sur des forteresses redoutables, mais en-« core sur toute l'Allemagne prête au premier signal à « prendre fait et cause pour elle. Cette éventualité se « réalisant, l'Empereur Napoléon était forcé de retirer ses « troupes des bords de l'Adige pour les porter sur le Rhin, « et dès lors la cause Italienne pour laquelle la guerre « avait été entreprise se trouvait sinon perdue, du moins « gravement compromise.

« Dans ces graves circonstances, l'Empereur pensa « qu'il serait avantageux pour la France d'abord, pour « l'Italie ensuite, de conclure la paix, pourvu que les con-« ditions fussent conformes au programme qu'il s'était im-« posé et utiles à la cause qu'il voulait servir.

« La première question était de savoir si l'Autriche « céderait par traité le territoire conquis; la seconde, si « elle abandonnerait franchement la suprématie qu'elle « s'était conquise dans toute la Péninsule; si elle recon-« naîtrait le principe d'une nationalité Italienne en ad-« mettant un système fédératif; si enfin elle consentirait « à doter la Vénitie d'institutions qui en fissent une véri-« table province Italienne.

« Relativement au premier point, l'Empereur d'Au-« triche céda sans contestation le territoire conquis, et « relativement au second, il promit les plus larges con-« cessions pour la Vénitie, admettant pour son organisation

« future, la position du Luxembourg vis-à-vis de la Con-
« fédération germanique; mais il mettait à ces concessions
« pour condition *sine qua non*, le retour des archiducs
« dans leurs Etats.

« Ainsi, la question se trouvait bien nettement posée
« à Villafranca; ou l'Empereur ne devait rien stipuler pour
« la Vénitie et se borner aux avantages acquis par ses
« armes, ou bien pour obtenir des concessions importantes
« et la reconnaissance du principe de la nationalité, il
« devait donner son adhésion au retour des archiducs.
« Le bon sens traçait donc sa conduite, car il ne s'agissait
« nullement de ramener les archiducs avec le concours
« des troupes étrangères, mais au contraire de les faire
« rentrer avec des garanties sérieuses par la libre volonté
« des populations auxquelles on ferait comprendre com-
« bien ce retour était dans les intérêts de la grande patrie
« Italienne.

« Voici en peu de mots l'exposé véritable de la négo-
« ciation de Villafranca, et pour tout esprit impartial il
« est évident que l'Empereur Napoléon obtenait par le
« traité de paix autant et plus peut-être qu'il n'avait con-
« quis par les armes. Il faut même bien le reconnaître,
« ce n'est pas sans un sentiment de profonde sympathie
« que l'Empereur Napoléon vit avec quelle franchise,
« quelle résolution l'empereur François-Joseph renonçait
« dans l'intérêt de la paix Européenne et dans le désir
« de rétablir de bonnes relations avec la France, non
« seulement à une de ses plus belles provinces, mais en-
« core à la politique dangereuse peut-être, en tous cas
« non dépourvue de gloire qui avait assuré à l'Autriche
« la domination de l'Italie.

« En effet, si le traité était sincèrement exécuté, l'Au-
» triche n'était plus pour la péninsule cette puissance
« ennemie et redoutable contrariant toutes les aspirations
« nationales, depuis Parme jusqu'à Rome, depuis Florence
« jusqu'à Naples; mais elle devenait au contraire une
« puissance amie puisqu'elle consentait de plein gré à ne
« plus être puissance Allemande de ce côté des Alpes, et
« à développer elle-même la nationalité Italienne jusqu'aux
« rivages de l'Adriatique.

« D'après ce qui précède, il est facile de comprendre
« que si après la paix les destinées de l'Italie eussent été
« confiées à des hommes plus préoccupés de l'avenir de
« la patrie commune que de petits succès partiels, le but
« de leurs efforts auraient été de développer et non d'en-
« traver les conséquences du traité de Villafranca. Quoi
« de plus simple et de plus patriotique en effet, que de
« dire à l'Autriche; Vous désirez le retour des archiducs ?
« Eh bien soit, mais alors exécutez loyalement vos pro-
« messes concernant la Vénitie; qu'elle reçoive une vie à
« elle propre; qu'elle ait une administration et une armée
« Italiennes, en un mot que l'empereur d'Autriche ne soit
« plus de ce côté des Alpes que le grand-duc de la Vénitie,
« comme le roi des Pays-Bas n'est pour l'Allemagne que
« le grand-duc du Luxembourg.

« Il est possible même que par suite de négociations
« franches et amicales on eût amené l'empereur d'Autriche
« à adopter des combinaisons plus en rapport avec les
« vœux manifestés par les duchés de Modène et de Parme.

« L'Empereur Napoléon, après ce qui s'était passé,
« devait compter sur le bon sens et le patriotisme de
« l'Italie, et croire qu'elle comprendrait le mobile de sa

« politique qui se résume par ces paroles: *Au lieu de « risquer une guerre Européenne et par conséquent l'in- « dépendance de son pays; au lieu de dépenser encore « 300 millions et de répandre encore le sang de 50,000 « soldats, l'Empereur Napoléon a accepté une paix qui « sanctionne pour la première fois depuis des siècles, la « nationalité de la péninsule. Le Piémont qui représente « plus particulièrement la cause Italienne, trouve sa puis- « sance considérablement augmentée, et si la fédération « s'établit, il y jouera le principal rôle. Mais une seule « condition est mise à tous ces avantages; c'est le retour « des anciennes maisons souveraines dans leurs Etats.* »

« Ce langage, nous le croyons encore, sera compris de « la partie saine de la nation, car sans cela qu'arrivera-t-il?

« Le gouvernement Français l'a déjà déclaré; les « archiducs ne seront pas ramenés dans leurs Etats par « une force étrangère, mais une partie des conditions de « la paix de Villafranca n'étant pas exécutée, l'Empereur « d'Autriche se trouvera délié de tous les engagements « pris en faveur de la Vénitie. Inquiété par des démon- « strations hostiles sur la rive droite du Pô, il se main- « tiendra en état de guerre sur la rive gauche, et au lieu « d'une politique de conciliation et de paix, on verra re- « naître une politique de défiance et de haine qui amènera « de nouveaux troubles et de nouveaux malheurs.

« On semble espérer beaucoup d'un congrès Européen, « nous l'appelons nous-mêmes de tous nos vœux, mais « nous doutons fort qu'un congrès obtienne de meilleures « conditions pour l'Italie. Un congrès ne demandera que « ce qui est juste; et serait-il juste de demander à une « grande puissance d'importantes concessions sans lui offrir

« en échange des compensations équitables? Le seul moyen « serait la guerre, mais que l'Italie ne s'y trompe pas, il « n'y a qu'une seule puissance en Europe qui fasse la « guerre *pour une idée*, c'est la France, et la France a « accompli sa tâche. »

Cet important document devait produire et produit une grande et profonde sensation. Dicté par l'Empereur, il explique toute sa pensée, il n'y laisse rien d'obscur. Ainsi toute cette fausse et misérable agitation de l'Italie représentée par quelques ambitieux, toute cette politique sans bonne foi de la Sardaigne y sont blâmés comme ils méritaient de l'être. L'Empereur dit très clairement aux meneurs de ces prétendues manifestations si enthousiastes qui sont représentées comme un élan national : continuez à suivre la même politique si cela vous plaît, mais alors ne comptez plus sur la France !

Dieu soit loué, nous nous séparons de l'Italie Cavour, nous nous apercevons peut-être un peu tard que l'ambition de la maison de Savoie est toujours aussi haute.

Il faut s'attendre à voir l'Angleterre fomenter l'ardeur des faiseurs de banquets et de *pronunciamentos* Italiens. Avant six mois, l'Angleterre sera la divinité adorée par l'Italie, l'alliée intime de la Sardaigne et notre ennemie plus intime, car elle tournera contre nous une puissance que nous avons eu le malheur de créer.

Nous aurons fait en Italie beaucoup d'ingrats sans aucun profit politique.

L'Empereur du Maroc est mort le 7 septembre, et déjà la guerre civile existe dans ce malheureux pays entre quatre prétendants. Il peut survenir de ce côté là de graves complications à propos de nos possessions A gériennes. L'Angleterre a toujours protégé le Maroc qu'elle n'ose envahir, mais qu'elle ne veut pas voir occupé par une autre puissance.

Je veux croire au désir de l'Empereur Napoléon de se maintenir dans l'alliance Anglaise; je crois surtout que s'il brise cette alliance, il veut y être forcé par l'Angleterre; il veut y être contraint par l'indignation de la France entière.

A mon avis, tout s'amasse peu à peu pour ce résultat, et la mort de l'Empereur du Maroc peut bien y contribuer. Si nous sommes forcés de faire la guerre au Maroc, si nous nous trouvons amenés à nous emparer de certains points de ses côtes qui bien fortifiées rendraient Gibraltar comme prisonnière dans le détroit; si nous prenons dans le détroit, si nous prenons dans la mer Rouge cette position que nous y cherchons, l'alliance est compromise.

Elle est encore fortement compromise si nous nous allions à la Russie.

Si nous nous allions à l'Autriche ou à tout autre grand pays.

Elle ne tient qu'à un fil si nous mettons notre marine sur un pied respectable.

Elle est moribonde si nos colonies sont prospères, si nous les augmentons et si nous fortifions nos ports et nos côtes.

Si nous devenons territorialement ce que l'Angleterre est maritimement, l'Angleterre coalisera l'Europe contre nous!

Quelle est donc cette absurde chaîne de l'alliance? elle nous impose au rebours de la fameuse constitution républicaine, beaucoup de devoirs, mais pas un droit.

Un jour, on sera réveillé par une immense clameur partie de toutes les poitrines; les vapeurs chaufferont dans tous les ports, et les matelots diront: *enfin!*

C'est que ce jour là l'Empereur aura été forcé à la guerre par les prétentions et les insolences de l'Angleterre.

MARDI 13 SEPTEMBRE.

Toujours même agitation dans la presse au sujet de la note du *Moniteur*. Une correspondance de Londres contient la phrase suivante:

« La grande modération du roi de Sardaigne et sa « bonne foi personnelle, ont beaucoup fait pour désarmer « tout sentiment qui aurait pu s'élever contre lui parmi « l'aristocratie Anglaise, pour s'être allié avec la France. »

(*La Presse, 12 septembre.*)

Ainsi s'allier à la France est un motif de suspicion pour les Anglais.

De son côté, *l'Indépendente* de Turin insère cette phrase:

« Nous pouvons assurer aux lecteurs de l'article du « *Moniteur* qu'il n'a été pour notre gouvernement, ni « quelque chose de nouveau ni quelque chose d'inattendu.

« Nous apprenons que notre Ministère a reçu du gou- « vernement impérial Français une note conçue dans des « termes qui ne laissent aucun doute sur les intentions « de l'Empereur, constamment favorables à l'Italie. »

Que veut dire cette note? et qui trompe-t-on?

Les journaux exaltent beaucoup le roi de Sardaigne, c'est un saint qui a toujours agi loyalement.

Nous pensons, nous, qu'il n'y a de loyauté, ni en lui, ni en Cavour.

Ses protestations à l'égard du Pape dont la Sardaigne voulait respecter la neutralité et dont elle voulait raffermir le pouvoir, en font foi.

De Chine il est arrivé de graves nouvelles.

« *Sanghaï, 15 juin.*

« L'escadre Anglo-Française, s'étant vu refuser l'entrée « du Peï ho, a attaqué les forts Toku par terre et par mer. « Elle a été repoussée. Les Anglais ont eu 464 hommes « tués ou blessés, dont 22 officiers. Les Français ont perdu « 16 hommes dont plusieurs canonniers.

« L'ambassadeur Américain a eu la permission de se « rendre à Pékin, n'ayant pas participé à la démonstration.

« L'espérance de l'exécution du traité s'affaiblit de « jour en jour. Une nouvelle guerre paraît imminente. »

D'autres nouvelles disent que c'est en voulant forcer le passage de la rivière barrée par des perches et des poteaux, que l'amiral Hope a essuyé cet échec.

Les Chinois ont mis en ligne une nombreuse artillerie soutenue par 22,000 Mongols.

Les Anglais ont perdu trois canonnières.

Les plénipotentiaires sont retournés à Sanghaï, la flotille s'est retirée.

Le *Times* demande qu'une revanche terrible soit prise, et que l'Angleterre et la France, ou l'Angleterre seule fasse immédiatement la guerre à la Chine.

Il est à espérer que l'Empereur ne laissera pas l'Angleterre *seule* faire cette guerre, et que les forces Françaises y seront aussi considérables que les forces Anglaises.

JEUDI 15 SEPTEMBRE

Le *Moniteur* donnait hier la nouvelle de notre désastre en Chine et faisait suivre ce récit du paragraphe suivant :

« Le gouvernement de l'Empereur et celui de Sa Ma-
« jesté Britannique se concertent pour infliger le châtiment
« et pour obtenir les réparations qu'exige un acte aussi
« éclatant de déloyauté. »

Une correspondance adressée à la *Patrie* inculpe gravement l'Angleterre d'avoir provoqué toute cette affaire, car tandis que la France et l'Amérique n'envoyaient qu'un seul bâtiment, chacun pour conduire leur ambassadeur, l'Angleterre faisait accompagner le sien par une flotille, plusieurs canonnières et les bâtiments de la flotille portaient 1500 hommes de troupes. Avec cette suite qui ne ressemblait guère à celle d'un plénipotentiaire chargé de faire signer un traité de paix, M. Bruce, envoyé Anglais, voulait arriver jusqu'à Pékin. Il a trouvé la rivière barrée et les mandarins lui ont indiqué un autre bras du fleuve par lequel il pourrait parvenir à sa destination, mais non pas avec tout son attirail de guerre. M. Bruce a donné à son amiral, car il avait un amiral pour diriger l'expédition, l'ordre de forcer le passage, et la catastrophe est arrivée.

M. Bruce était furieux de savoir l'ambassade de Russie déjà à Pékin, et il s'est cru dispensé de tout ménagement envers les Chinois.

On ne saurait donc dire que les Chinois soient complètement dans leur tort. Un ambassadeur n'a pas le droit pour faire ratifier un traité convenu, de s'avancer vers la capitale d'un souverain indépendant avec plusieurs vaisseaux, cinq ou six canonnières et 1500 hommes de troupes.

Quoiqu'il en soit, nous allons être en guerre avec la Chine, nous allons de nouveau avoir les Anglais pour alliés !

Une dépêche de St-Pétersbourg, du 13 septembre, annonce que le 26 août, Schamyl, le fameux chef Circassien qui depuis tant d'années dispute pied à pied ses montagnes à la Russie, vient d'être fait prisonnier ; on le conduit à St-Pétersbourg.

Les nouvelles d'Italie sont toujours les mêmes, cependant le journal *La Patrie* qui n'a cessé de vanter la douceur et la mansuétude de la révolution Italienne, est obligé d'avouer qu'à Bergame le palais de l'évêque a été saccagé et pillé et que l'évêque lui-même a été poursuivi par des furieux qui voulaient le pendre.

Ce malheureux évêque avait eu *l'audace* de s'opposer à ce qu'un bon révolutionnaire, sous prétexte d'oraison funèbre, vint faire en chaire un discours politique pendant la cérémonie funèbre en l'honneur des Italiens morts pour la patrie.

La défense de l'évêque ne fut pas respectée ; comme la porte de la chaire était close, on apporta une échelle pour procéder à l'escalade. Alors l'évêque se retira en interdisant l'église. La foule poursuivit le prélat avec des cris de mort et pilla son palais pour se dédommager de n'avoir pu pendre l'évêque.

VENDREDI 16 SEPTEMBRE.

M. de Morny, dans son discours au Conseil général de son département, a fait entendre que le gouvernement serait disposé à donner plus de liberté à la presse. Aussitôt le journalisme a commencé à discuter l'étendue de cette liberté. Le *Journal des Débats* s'est tenu dans une mesure prudente. Le journal *La Presse* au contraire, nous donne un avant-goût de ce que serait le journalisme avec toute liberté :

« Les Anglais rapportent à la liberté de la presse « tous les bienfaits de leur constitution ; ils la regardent « comme indigène et non moins favorable au pouvoir qu'à « ses adversaires. C'est par elle qu'ils modèrent, dirigent « ou redressent la marche de leur gouvernement ; et ils « croiraient plutôt à la destruction de leur île, qu'à la « possibilité d'être désormais privés de cette liberté. Nous « n'en sommes pas là tant s'en faut, mais nous y vien- « drons. »

Nous sommes donc avertis que le journalisme avec l'aide de la liberté va de nouveau gouverner le gouvernement.

La Guéronnière laisse dire par la *Presse* que :

« Sans la voix libre du journalisme tout est silence « et quand cette voix est étouffée, tous les corps d'Etat

« sont des masses isolées de la nation, sans vie, sans au-
« torité, sans prestige. »

Le Sénat, le Corps législatif et le conseil d'Etat doivent des remercîments à La Guéronnière.

SAMEDI 17 SEPTEMBRE.

Nous croyons bon de noter l'article de Veuillot (qui n'est pas fou, ainsi qu'on l'avait prétendu) publié ce matin par le journal *L'Univers ;* c'est une pièce du grand procès Italien.

« Depuis qu'elle est de service dans le camp démo-
« cratique, la *Patrie* a l'esprit très retors ; tout fait qui la
« gène est pour elle non avenu ; elle le met hors de la
« discussion comme ses amis de l'Italie centrale mettent
« hors le scrutin quiconque ne pense pas comme eux.
« Impossible par exemple d'amener la *Patrie* à faire con-
« naître par quel procédé les agents Piémontais ont ex-
« primé l'opinion de toutes les communes Toscanes ; im-
« possible aussi de lui faire expliquer, elle qui tient pour
« le suffrage universel, comment 15,000 votes représentent
« l'unanimité dans un pays qui compte plus de 400,000
« citoyens majeurs. Ne pouvant discuter de pareils faits
« sans laisser entrevoir la vérité, elle reste muette. Même
« silence sur les manifestations anti-Piémontaises auxquelles
« la présence de M. le prince Poniatowski a donné lieu,
« et sur le tapage fait à cette occasion dans les journaux
« du gouvernement provisoire. Tactique pleine de sagesse

« d'ailleurs, et aussi de déloyauté. Comment maintenir « l'unanimité si l'on avouait que Florence seule a fourni « 3000 protestations? comment soutenir que les opposants « peuvent livrer leurs noms; si l'on constatait que le re- « présentant même de la France a été menacé, et que le « jour où le journal officiel invitait les partisans du grand- « duc à parler, l'un d'eux était menacé de mort et em- « poisonné pour n'avoir pas gardé le silence.

« Si la *Patrie* se tait avec une obstination prudente « sur les opérations électorales et le mouvement politique « de la Toscane, elle triomphe au sujet du clergé de Mo- « dène. — Vous voulez des noms, nous dit-elle, en voici « cent; et en effet elle donne la centaine; elle ajoute « même qu'elle en pourrait donner deux cents autres, sans « compter soixante-quatorze religieux qui paraissent avoir « adhéré par procuration comme les communes Toscanes.

« Que la *Patrie* y prenne garde, elle reproduira bientôt « plus de noms qu'il ne reste d'ecclésiastiques dans le « duché de Modène, car ses amis en ont expulsé et fait « fuir bon nombre.

« Les cent noms et ceux qu'on offre de donner, ont-ils « vraiment été apposés au bas des adresses votées à Victor- « Emmanuel? La *Gazette de Modène* le dit, mais la *Lom- « bardia* a fait dernièrement une publication semblable, « et plusieurs des signataires ont protesté. Le docteur « Farini et ses agents pourraient bien avoir mis eux aussi « quelques signatures d'office. Il y en a tant, qu'il y en « a trop.

« Pour croire que le clergé de Modène a adhéré pres- « que tout entier et librement à un gouvernement ennemi « de l'Eglise, nous attendrons que les Modènois puissent

« dire ce qu'ils pensent sans se servir d'interprètes Pié-« montais. La révolution et l'intimidation ont pu recruter « quelques voix dans ce clergé, elles ne l'ont certainement « pas conquis tout entier. C'est invraisemblable et im-« possible. N'oublions pas que les agents de Victor-Emma-« nuel parlent seuls; que les duchés et les légations sont « mieux fermés aux réactionnaires que ne l'était le Para-« guay aux Européens. Et d'ailleurs, si le clergé adhère « en masse, où les révolutionnaires prennent-ils les oppo-« sants? Cependant il y en a, puisqu'on s'en plaint très « fort. Pourquoi ces circulaires, ces actes d'injustice, ces « arrestations, ces expulsions, ces menaces? Pourquoi « enfin, tous les gouvernements de raccroc installés dans « l'Italie centrale avec procuration Piémontaise réclament-« ils contre les *menées cléricales?* Traite-t-on ainsi d'en-« thousiastes adhérents?

« *La Patrie* néglige ces détails, elle n'explique pas les « mystères; elle croit, et sa foi est vive comme il convient « aux convertis. Tout ce que disent les Gazettes de Flo-« rence, Parme, Modène et Bologne est pour elle parole « d'Evangile. Elle fait mieux, elle étend les démentis du « *Moniteur* de Bologne aux révélations mêmes que la « feuille de M. Cipriani ne peut démentir. Ainsi ne dit-« elle rien des actes iniques que nous avons rappelés, il « y a deux jours; elle s'abstient également de faire savoir « à ses lecteurs que les aventuriers chargés de régénérer « l'Italie centrale ferment scrupuleusement leurs domaines « à toute personne suspecte de ne pas appartenir à la ré-« volution. Déjà, par exemple, plusieurs Français ont été « expulsés des légations bien que leurs papiers fussent en « règle et qu'on n'eût rien à leur reprocher. *La Patrie*

« le sait, mais elle passe là-dessus et invoque hardiment « en faveur de ses alliés le témoignage de leurs propres « journaux. Or si les agents du roi *Galant homme* se « déclarent irréprochables, qui donc peut se refuser de « les croire?

« Tout cela prouve que la *Patrie* était faite pour dou- « bler le *Siècle;* par suite du malheur des temps, elle « avait chassé le naturel, mais il est revenu et il galope.

« *Eugène Veuillot.* »

Le Piémont, en effet, joue en Italie sa comédie d'abstention avec une audace incroyable.

Le roi des Belges, le gendre de Louis-Philippe, est à Biarritz; il est donc venu vers l'Empereur? ... oui, mais l'on prétend qu'il s'agit d'une royauté Italienne pour son fils le comte de Flandres.

LUNDI 19 SEPTEMBRE.

Le *Moniteur* d'hier publiait le petit paragraphe suivant qui est le chef-d'œuvre de la force insolente et j'ose dire maladroite, car il prête à gloser et ne pourra persuader à personne que la presse jouit en France de cette liberté sans contrôle qui laisse le champ libre à la discussion.

« *Paris, le 17 septembre.*

« Plusieurs journaux ont annoncé la prochaine publi- « cation d'un décret modifiant la législation de 1852 sur « la presse.

« Cette nouvelle est complètement inexacte, la presse « en France est libre de discuter tous les actes du gou- « vernement, et d'éclairer ainsi l'opinion publique.

« Certains journaux se faisant à leur insu les organes « de partis hostiles réclament une plus grande liberté qui « n'aurait d'autre but que de leur faciliter les attaques « contre la Constitution et les lois fondamentales de l'ordre « social.

« Le gouvernement de l'Empereur ne se départira « pas d'un système qui laissant un champs assez vaste à « l'esprit de discussion, de controverse et d'analyse, pré- « vient les effets désastreux du mensonge, de la calomnie « et de l'erreur. »

MARDI 20 SEPTEMBRE.

J'ai fait dimanche une promenade d'une heure seul avec la Princesse Mathilde et nous avons causé des choses et des hommes actuels avec encore plus d'abandon qu'à l'ordinaire.

S. A. I. m'a appris beaucoup de petits secrets qui éclairent pour moi un côté du masque si impénétrable de l'Empereur, qui m'ont affermi dans cette pensée que j'avais depuis longtemps de sa profonde dissimulation et de la rouerie de sa politique.

Qui chercherait à connaître l'Empereur par ses discours, par ses propos même intimes, par ses actes apparents, tomberait dans d'étranges erreurs : il y a toujours en lui du prisonnier qui dissimule, du conspirateur qui aime les voies détournées. Sa froideur vis-à-vis de certaines gens, de même que les marques de son affection ne signifient pas grand chose, et quant à son estime, il n'en a pour personne.

Il classe les gens en *utilités* et en *inutilités* ; le plus honnête et le plus loyal, s'il est inutile, n'a aucun poids dans sa balance ; mais un coquin fieffé comme Haussmann, s'il est entreprenant et qu'il sache se rendre utile, sera bien vu et bien choyé par lui ; il ne lui comptera à mal ni ses vols ni ses infamies, il lui serrera la main et lui sourira affectueusement.

Ces jours derniers à Tarbes, l'Empereur a saisi l'occasion d'une réponse à un discours de l'évêque de Tarbes, pour faire un magnifique éloge de Fould... « *ami fidèle* « *dans toutes les circonstances* ». L'Empereur sait cependant à quoi s'en tenir, il sait qu'en 1852 Fould disait en parlant de lui : « *ce bougre-là est capable de m'emprunter* « *de l'argent.* »

Lorsque tous les dévoués boursillaient pour le coup d'Etat, il sait que Fould n'a pas voulu apporter son contingent, que c'est la Princesse Mathilde qui a engagé ses diamants et donné quatre mille francs d'argent comptant qu'elle possédait.

A la même époque, Ferdinand Barrot a donné aussi quatre mille francs, cependant Fould est aujourd'hui l'homme en faveur !

L'Empereur, me disait la Princesse Mathilde, songeait à la guerre d'Italie depuis le mois d'octobre dernier.

« A cette époque, Kisseleff m'en prévint et me raconta « que les projets de Napoléon devenaient évidents pour « lui. Dans les premiers jours de novembre, il commanda

« à Fleury ses équipages de campagne. Fleury effrayé de « cette détermination alla chez Walewski pour lui demander des renseignements.

« Walewski ignorait tout et courut aux Tuileries où « il eut une scène avec l'Empereur qui le traita comme « toujours sans conséquence.

« Fleury fut en une sorte de disgrâce pendant deux « mois.

« Quant à Walewski, ignorant tout, malmené par le « maître, dépouillé de toute considération par ces motifs « et par l'intrigue de sa femme avec l'Empereur, non moins « que par la récompense qu'il en reçoit en acceptant une « terre officiellement donnée; Walewski a toujours à la « bouche le même refrain pour excuse: ...*j'ai besoin de « manger !* »

Cette réponse peint la voracité de nos hommes, car Walewski qui a 30,000 francs d'appointements, le château d'Etioles et la terre gagnée par sa femme a maintenant *de quoi vivre;* pourtant il se cramponne à sa place; les avanies, les paroles rudes ne lui font rien; le maître peut le gratifier d'un coup de pied à la d'Haubersaërt, il ne dira mot, *il faut qu'il mange* à tous les rateliers, un seul ne lui suffit pas; il faut qu'il mange dans de la vaisselle plate, la porcelaine lui fait horreur!

L'Empereur décidé à la guerre d'Italie se mit en rapport par le moyen de son cousin le prince Napoléon, avec les réfugiés; il ne répudiait point alors leur concours, et il eut deux entrevues avec Kossuth, l'une à Paris, l'autre à Turin ou plutôt à Gênes. Mais il se trompait sur la nature du mouvement révolutionnaire qui pourrait être opéré en Hongrie par l'influence de cet homme. L'Empereur comptait sur l'action des masses populaires démocratiques et Kossuth dût lui répondre :

« Votre Majesté est dans l'erreur, la révolution Hongroise a été faite en 1848 par la noblesse, et elle ne peut « être recommencée que par l'influence aristocratique. »

En Italie, l'Empereur chercha d'abord la démocratie, compta sur le peuple, mais le peuple ne répondit pas à son attente et ne vint pas vers lui ; il ne souleva qu'une partie de la noblesse et la bourgeoisie. Aussi dans les élections résolut-on de se passer et se passe-t-on du peuple, du paysan.

Partout et toujours on trouve les traces d'un double jeu, et les agents employés en fournissent la preuve. Le colonel Cipriani que j'ai vu à Paris, il y a quelques années, est une pauvre intelligence ; longtemps employé et payé par la France comme donneur de renseignements.

Farini ne vaut guère mieux, c'est un intrigant révolutionnaire.

Comme agent avoué, le prince Poniatowski ne jouit d'aucune considération et sa famille, hommes et femmes, partagent son discrédit.

Les Poniatowski sont provenus du mariage in extremis d'un vieux débauché de prince Poniatowski qui vivait à Rome avec une espèce de fille veuve d'un de ses domestiques et dont il avait plusieurs enfants.

On prétend même qu'au moment du mariage le prince était déjà mort, mais qu'assis dans son lit il répondait par un signe de tête aux questions du prêtre. Il est bien compris qu'un compère faisait mouvoir la tête au moyen d'une ficelle.

Le prince Poniatowski a eu toute sa vie une conduite peu digne; c'est un *haut bas intrigant.*

Le lendemain de son arrivée à Florence, on trouva que le péristyle de son hôtel avait servi de *lieux d'aisances* à toute la ville.

Reiset, le *comte* de Reiset, par la grâce du Pape, est connu parce qu'il en a été déjà dit: Intrigant bouffon près de Madame Walewska à laquelle il rapporte tous les cancans de la ville, le comte de Reiset sans esprit, sans instruction, sans perspicacité, vise à tout et parviendra peut-être à tout. Il a été jadis à Turin l'amant d'une vieille maîtresse du roi Charles-Albert, la marquise de Robilaud.

Avant d'avoir épousé cette pie-grièche de Mlle de Sancy, il s'était mis dans la tête de prendre en mariage la fille d'un mariage morganatique du prince Alexandre de Wurtemberg. Cette jeune personne dont la mère, ancienne danseuse, était morte, recevait une éducation soignée sous la protection du roi de Wurtemberg et recevait de lui une pension.

Le comte de Reiset songea à elle et pensant lui faire beaucoup d'honneur, il se dit qu'en se mésalliant ainsi, il pouvait prétendre à tout, exiger tout. Donc un beau jour il fit demander une audience du matin à la Princesse Mathilde, et sans préambule il la pria de s'intéresser à ses projets d'union avec la princesse de Wurtemberg.

La Princesse lui répondit que la jeune personne dont il voulait parler n'était point du tout princesse, qu'on lui donnait simplement le titre de comtesse.

Reiset persista à soutenir qu'elle était princesse et sollicita la Princesse Mathilde de s'entremettre.

« Je demande, » dit-il, « en faveur de cette union qui « me placera dans votre famille, que l'Empereur m'accorde « le grand cordon de la légion d'honneur, et que le roi « de Wurtemberg en conservant à sa pupille la pension « qu'il lui fait, me reconnaisse le titre de prince et me « gratifie du grand cordon de son ordre! »

Le Reiset fut éconduit, et ses prétentions servirent d'amusement.

Plus tard, quand ces velléités matrimoniales furent oubliées, le séduisant Reiset vint un soir faire une déclaration d'amour à la Princesse Mathilde qui prit d'abord la chose en plaisanterie pour éviter d'en paraître offensée.

Le Reiset ne comprit pas la délicatesse et insista en y mettant beaucoup de chaleur. La Princesse Mathilde alors se retourna vers lui d'un air sévère et lui répondit :

« Monsieur de Reiset, je ne suis plus une jeune femme « et je n'ai pas grande prétention, cependant je ne me « sens pas encore assez décrépite pour succéder à Madame « de Robilaud. »

Reiset, honteux et furieux, se retira; et c'est là l'homme qu'on a envoyé en Italie. La vanité hantée sur la bêtise.

Benedetti me disait samedi :

« Avant de laisser la Sardaigne devenir une grosse « puissance en Italie, il serait prudent de nous assurer la « Savoie, car la France ne peut laisser une porte cochère « ouverte chez elle au souverain de l'Italie, et la Savoie « est une véritable porte-cochère qui donne accès dans « nos provinces. »

Le prince Napoléon a acheté sur les bords du lac de Genève une ancienne propriété du roi Joseph son oncle. Il est parti depuis quelques jours pour la visiter; sa femme va le rejoindre.

Le duc de Padoue a paraphrasé dans une longue circulaire aux préfets, la note sur la liberté de la presse par le *Moniteur*.

Il dit entre autres belles choses, que le décret du 17 février 1852 est maintenu, et qu'il n'est point une loi de circonstances, puis immédiatement après:

« Le gouvernement de l'Empereur ne redoute point « la discussion loyale de ses actes. »

Puis, il établit que le droit de publier ses opinions garanti à tout citoyen en 1789 ne saurait être confondu avec la presse des journaux qui est une force collective organisée dans l'Etat, etc. etc.

M. de Padoue ne sait donc pas que la liberté de publier individuellement son opinion est presque illusoire, car à moins d'avoir une opinion dont l'expression dépasse la limite de six feuilles d'impression, on subit l'impôt fort cher du timbre.

La conquête de 1789 peut donc être sinon complètement ravie à un peuple aussi éclairé que la France, mais elle peut être resserrée dans de fort étroites limites.

Cette circulaire n'en impose à personne, elle prêtera à rire à l'étranger.

Une conspiration a été découverte à Constantinople contre la vie du Sultan, deux cents arrestations ont eu lieu. Diajer-Dem, pacha d'Albanie, en était le chef, il est en prison. Une partie des troupes trempaient dans ce complot ourdi par le vieux fanatisme.

Lord Elgin a publié sur sa mission en Chine un livre assez curieux qui semblerait prouver que messieurs les ambassadeurs de France et d'Angleterre ont fait dans ces dernières circonstances le contraire de ce qu'il fallait faire.

« Gardons nous, dit-il, du danger d'exciter chez les « Chinois un sentiment de trop grande répulsion ; mais « ne nous plongeons pas dans de nouvelles hostilités. »

Lord Elgin exprime surtout le désir que les Chinois ne soient pas violentés sur leur répulsion à laisser les ambassadeurs Européens arriver et séjourner à Pékin.

SAMEDI 21 SEPTEMBRE.

On croit que le traité de Zurich sera prochainement signé. Que réglera-t-il ? c'est là la question.

En Allemagne, l'agitation pour la réforme continue.

Les discussions continuent dans les journaux à propos de la liberté de la presse. Il est curieux de lire les articles des *grands écrivains* qui la réclament complète ; les raisons qu'ils donnent pour l'obtenir suffiraient pour la refuser.

A Peyrat de *La Presse* écrivait hier :

« Heureusement les journaux ont la vie dure ; tous « les gouvernements les ont poursuivis, quelques-uns ont « essayé de les tuer, et l'on sait ce que la restauration « entr'autres a gagné à cette tentative impuissante. »

Que l'Empire prenne donc garde, car M. Peyrat pourrait bien l'envoyer retrouver la restauration.

M. Pelletan, autre homme d'Etat de *La Presse,* écrit dans le même numéro de ce journal un factum encore plus curieux sur le même sujet à propos d'un livre de Fichte sur la révolution Française :

« Lorsqu'un écrivain a traîné son talent dans l'égoût, « lorsqu'il a fait métier et marchandise de l'invective et « de l'injure ; lorsqu'il a vomi son âme chaque matin sur « la gloire et sur la vertu, ce fantôme le suit pas à pas, « l'escorte, l'accompagne dans chaque rue, dans chaque « carrefour, le nomme par le nom de son action. Il pourra « avoir fortune, argent, plus encore peut-être, tout, excepté « le salut ou le regard d'un honnête homme. »

Allons donc, Monsieur Pelletan, vous saluez Monsieur Jules Lecomte, Monsieur Fiorentino ; vous plaignez M., Proudhon, etc. etc.

« Cette proscription de l'erreur repose elle-même sur « une erreur qui consiste à supposer que la parole hu- « maine possède une vertu épidémique comme la maladie « de la vigne par exemple. »

Hélas oui, la parole humaine prêchant la licence remue les bas fonds des sociétés, les invite et les pousse à la guerre civile au nom de leurs appetits sensuels, au nom de leurs mauvaises passions. La licence sera toujours chérie des populaces et les agitateurs auront toujours empire sur elles en la leur prêchant. La révolution de 1789 a été déshonorée par ses journaux ; ce sont eux qui ont perverti le peuple, qui ont tyrannisé la nation en coalisant la populace en la conviant à tous les crimes.

Le journal de Marat et celui du père Duchesne (Hébert) étaient-ils sans danger ? lorsqu'ils demandaient chaque jour des têtes, lorsqu'ils proscrivaient telle ou telle fraction de la Convention.

Apprenez donc à votre collègue Peyrat, Monsieur Pelletan, que cette pauvre Restauration a bien peu égratigné la presse.

La Commune du 10 août et la Convention supprimaient les journaux en masse, c'est-à-dire tous ceux qui « n'étaient pas à la hauteur de septembre 1792. Elles « envoyaient leurs rédacteurs à l'échafaud et cet excel- « lant Marat héritait du matériel de leurs imprimeries. »

Quant à ce vertueux Hébert, les ministres lui prodiguaient l'argent de l'Etat pour publier par exemple :

La grande colère du père Duchesne contre la grande conspiration des calotins ;

ou bien encore :

L'oraison funèbre du dernier roi de France prononcée par le père Duchesne en présence des braves sans-culottes de tous les départements. Sa grande colère contre les J.... F.... de calotins qui veulent canoniser ce nouveau Desrues et vendent ses dépouilles aux badauds pour en faire des reliques.

Pelletan dit encore :

« La liberté de tout dire réplique de Maistre, implique « la liberté de tout faire ; — dites donc de tout faire faire « pour parler correctement.

« Toujours le même sophisme échafaudé sur la même « fiction, c'est-à-dire que l'homme qui parle n'a devant « lui qu'un troupeau sans raison et sans volonté, qui se « lève au son d'une voix et se rue sur chaque parole « comme sur une proie à dévorer.

« C'est faire trop bon marché, en conscience, de la « dignité d'une nation, que d'imaginer ainsi de propos « délibéré qu'elle tourne à tout vent et prend le blanc « pour le noir, sur le simple fait d'une feuille de papier « qu'elle aura dépliée et lue le matin. »

Monsieur Pelletan, vous savez fort bien qu'il en est ainsi avec la liberté illimitée de la presse telle que vous la voulez. Croyez-vous qu'il soit sans danger de prêcher le communisme? souvenez-vous donc du mois de juin 1849.

MERCREDI 28 SEPTEMBRE.

Le *Moniteur* adressait hier aux journaux l'avis suivant motivé par quelques articles trop âcres et par les publications de messieurs d'Haussonville et Villemain.

« Sous prétexte de prouver que la France n'est pas « libre, plusieurs journaux dirigent contre le décret du « 17 février 1852 des attaques qui dépassent les limites « les plus extrêmes du droit de discussion.

« Le respect de la loi est inséparable de l'exercice de « la liberté légale.

« Contre les écrivains qui oublient, le gouvernement « aurait pu se servir des armes qu'il a dans les mains; « il ne l'a pas voulu au lendemain de la mesure toute « spontanée qui a relevé la presse périodique des aver- « tissements dont elle avait été frappée.

« Le gouvernement fidèle à ses principes de modéra- « tion, ne saurait manquer non plus au devoir qui lui est « imposé de faire respecter la loi.

« Il prévient donc loyalement les journaux qu'il est « décidé à ne pas tolérer plus longtemps des excès de « polémique qui ne peuvent être considérés que comme « des manœuvres de partis. »

La Légende des Siècles, nouveau volume de poésies de Victor Hugo, paraît aujourd'hui. *La Presse* en cite hier deux fragments, voici celui de la préface :

« Les poëmes qui composent ces deux volumes ne « sont autre chose que des empreintes successives du profil « humain de date en date, depuis Eve mère des hommes « jusqu'à la révolution mère des peuples ; empreintes prises « tantôt sur la barbarie, tantôt sur la civilisation, presque « toujours sur le vif de l'histoire ; empreintes moulées sur « le masque des siècles. . . . . Quand d'autres volumes se « joindront à ceux-ci, cette série d'empreintes vaguement « disposées dans un certain ordre chronologique pourra « former une sorte de galerie de la médaille humaine. »

Après cette citation, la *Presse* donne comme pièce à l'appui une poésie qui a pour titre : *La rose et l'infante*. Sous ce titre se cache la personnalité de Philippe II, rêvant à son armada, il est derrière une fenêtre et regarde l'infante qui se promène une rose à la main.

. . . Autour de cet enfant l'herbe est splendide et semble
Pleine de vrais rubis et de diamants fins,
Un jet de saphirs sort des bouches des dauphins.

. . . .

La magnifique fleur royale et purpurine
Cache plus qu'à demi ce visage charmant,
Si bien que l'on hésite et qu'on ne sait comment
Distinguer de la fleur ce bel enfant qui joue,
Et si l'on voit la rose et si l'on voit la joue.

. . . .

Un jour, elle sera duchesse de Brabant,
Elle gouvernera la Flandre ou la Sardaigne.
Elle est l'infante, elle a cinq ans, elle dédaigne,
Car les enfants des rois sont ainsi, leurs fronts blancs
Portent un cercle d'ombre et leurs pas chancelans
Sont des commencements de règne.

Puis vient une longue description d'un spectre errant derrière les fenêtres du palais, terminée par ces vers :

Spectre blême son ombre aux feux du soir s'allonge,
Son pas funèbre est lent comme un glas de beffroi,
Et c'est la mort, à moins que ce ne soit le roi.

. . . .

Philippe II était une chose terrible,
Iblis dans le Koran et Caïn dans la bible
Sont à peine aussi noirs qu'en son Escurial,
Ce royal spectre, fils du spectre impérial.

. . . .

On tremblait rien qu'à voir passer ses majordomes.

. . . .

Sa prière faisait le bruit sourd d'une foudre
De grands éclairs sortaient de ses songes profonds,
Ceux auxquels il pensait disaient : nous étouffons.

. . . .

JEUDI 29 SEPTEMBRE.

On lisait hier dans le *Moniteur :*

« Quelques journaux étrangers ont assuré que la so-
« lution des affaires d'Italie serait entravée par le désir
« de l'Empereur des Français de fonder en Italie un
« royaume pour un prince de sa maison. Ces bruits n'ont

« pas besoin d'être réfutés ; pour leur ôter toute valeur, « il suffit sans parler des engagements pris à Villafranca « de se rappeler les actes et les paroles de l'Empereur « Napoléon avant et depuis cette époque. »

Ceci, prétendent certaines gens, ne signifie pas grand chose.

Quant au roi de Piémont, il continue son jeu d'agitation Italienne sans grand souci de la France, aidé en cela par une partie de la presse française.

VENDREDI 30 SEPTEMBRE.

Le Bey de Tunis est mort.

L'Angleterre est furieuse de ce que l'Espagne veut obtenir satisfaction des insultes du Maroc, parce que l'Angleterre détient Gibraltar tout ce qui contrebalancerait la puissance de cette forteresse ne peut être permis et entre autres choses défendues, les acquisitions des côtes Marocaines sont interdites.

La presse Anglaise dit naïvement que l'Angleterre seule aurait le droit de s'emparer des ports Marocains et qu'alors avec Gibraltar elle serait maîtresse de la Méditerranée.

Avis aux nations Européennes.

JEUDI 6 OCTOBRE.

La solution des affaires d'Italie ne semble point prochaine; tout s'y embrouille un peu plus de jour en jour. Le roi de Sardaigne par ses agents prend peu à peu possession de l'Italie, et ses journaux font sonner bien haut qu'il a l'approbation de Mazzini qui se rallie à sa politique et lui promet le concours de ses démocrates.

La France joue un triste rôle! peu aimée par le Piémont et les gens du mouvement, parce qu'elle tente d'arrêter les *annexions*; payée de mots et de statues, elle aura enfin de compte versé son sang et donné son argent pour élever au premier rang la maison de Savoie son ennemie sous Louis XIV avec l'Autriche, son ennemie demain avec l'Angleterre.

La France laisse envahir le pouvoir temporel du Pape, elle saura un jour le mal qu'elle aura fait en rendant le chef des chrétiens comme prisonnier de la Sardaigne.

En attendant, le Pape proteste et s'adresse au monde catholique. Il repousse toute cession d'une portion quelconque de ses Etats et il lance les foudres ecclésiastiques contre les usurpateurs et leurs fauteurs. Il s'adresse aussi aux évêques, et les évêques de France ont publié des mandements qui sont, je le crains, le commencement d'une lutte déplorable.

Le Pape s'exprime ainsi à propos de l'envahissement des légations:

« Nous sommes tenus par le plus grave de nos devoirs « et par un serment solennel de soutenir intrépidement « la cause de notre très sainte religion, de protéger avec « fermeté contre toute violation, les droits et les posses- « sions de l'église romaine, de défendre notre souveraineté « civile et celle de ce siége apostolique et de *la trans-* « *mettre intacte à nos successeurs*, comme le patrimoine « de St-Pierre. »

A Modène, M. Farini, le dictateur Piémontais, a publié un décret qui est le sublime de l'outrecuidante atrocité.

Les troupes, comme on sait, sont demeurées fidèles au duc et stationnent sur la frontière.

M. Farini donne à ces militaires un certain délai pour faire leur soumission. Ce délai passé, s'ils sont pris, ils seront envoyés devant des conseils de guerre sous l'accusation capitale de haute trahison.

Le duc de Modène usera de représailles certainement.

JEUDI 13 OCTOBRE

Le 5, un horrible assassinat a été commis à Parme sur le comte Anviti, ancien colonel de l'armée Parmesane. La populace l'a barbarement massacré sans que le reste de la population s'y soit opposé. Devant l'universelle réprobation, le dictateur Farini s'est vu obligé de sévir contre les assassins ; quatorze sont arrêtés, mais avec quel soin ne prépare-t-on pas pour eux les circonstances atténuantes. Les journaux Italiens représentent le défunt colonel comme une sorte de monstre exécré pour ses cruautés. Un jeune homme dont il a fait fusiller le frère, lui a porté les premiers coups, etc. etc.

Cette malheureuse expédition en Italie nous sera fatale de plus d'une manière. L'agitation se propage dans le clergé et les évêques publient des mandements pour protester contre la politique qui tend à dépouiller le Pape.

L'évêque d'Orléans a été très vif.

L'archevêque de Bordeaux, dans un discours adressé à l'Empereur s'est montré plus modéré, mais il n'en a pas moins protesté contre le dépouillement du Pape.

« J'ai le ferme espoir, » a répondu l'Empereur, « qu'une « ère nouvelle de gloire se lèvera pour l'Eglise, le jour où « tout le monde partagera ma conviction que le gouverne- « ment temporel du Saint-Père n'est pas opposé à la liberté « et à l'indépendance de l'Italie. »

Le cardinal archevêque avait dit entre autres choses :

« Aujourd'hui, nous prions encore, Sire, avec plus de « ferveur s'il est possible, pour que Dieu vous fournisse « les moyens, comme il vous en a donné la volonté, de « rester fidèle à cette politique chrétienne qui fit bénir « votre nom, et qui est peut-être le secret de la prospérité « et la source des gloires de votre règne.

« Nous prions avec une confiance qui s'obstine, avec « une espérance que n'ont pu décourager des événements « déplorables et de sacrilèges violences; et le motif de cet « espoir dont la réalisation semble aujourd'hui si difficile, « après Dieu, c'est vous, Sire, vous qui avez été et qui « voulez être encore le fils aîné de l'Eglise, vous qui avez « dit ces paroles mémorables :

« La souveraineté temporelle du chef vénérable de « l'Eglise est intimement liée à l'éclat du catholicisme, à « la liberté et à l'indépendance de l'Italie. »

L'Empereur, dans sa réponse, a eu une phrase malheureuse, la voici :

« L'Europe ne peut permettre que l'occupation de « Rome qui dure depuis dix années, se prolonge indéfini- « ment. »

L'Europe permet à l'Angleterre tout ce qu'elle ose. Elle a permis à la Russie la destruction de la Pologne : à l'Autriche l'envahissement de Cracovie ; pourquoi la France se fait-elle si petite devant l'Europe, par la bouche de l'Empereur ?

La Papauté a été l'ouvrage de la France qui n'aurait pas le droit de maintenir son œuvre !...

Malheureuse affaire d'Italie, je crains qu'elle ne rapetisse notre Empereur. Il s'égare en dissimulations, il cherche à tromper le public et il ne peut se tromper lui-même, car il sait tout ce que fait de propagande le cabinet Sarde, tout les tours de gobelet qu'il joue.

L'Empereur sait la valeur de ces enthousiasmes Italiens et leur vérité ; ce serait un très grand malheur que pour acquérir un ennemi puissant en Italie, l'Empereur s'aliénât l'Eglise !

L'évêque de Bordeaux aurait pu lui dire :

Sire ! vous êtes entré en Italie en proclamant que loin de venir porter atteinte au pouvoir temporel du Pape vous l'augmenteriez ; et voilà qu'à l'abri de vos armes, le prince Napoléon et M. de Cavour ont révolutionné les légations !

A Rome, M. Della-Minerva, ambassadeur Sarde a reçu ses passeports, mais avant de partir il s'est fait faire une petite ovation silencieuse. Partout la Sardaigne cherche à remuer l'Italie; elle aspire à en chasser la France en détruisant la Papauté.

La maison de Savoie sera grandement ingrate, nous l'apprendrons à nos dépens.

VENDREDI 21 OCTOBRE.

La paix est signée à Zurich sur les bases de Villafranca entre la France et l'Autriche. Les traités avec la Sardaigne ne le sont pas encore.

La question d'un congrès est toujours indécise; l'Angleterre voudrait y faire succomber la politique Française, elle voudrait surtout y porter un dernier coup à la Papauté d'accord en cela avec la Sardaigne.

Le parti Mazzinien, allié momentanément à la Sardaigne, s'agite beaucoup. Nous sommes à la veille d'un gâchis Italien abominable.

L'Angleterre veut, tout en n'ayant rien fait pendant la guerre pour l'Italie, lui persuader qu'elle est sa libératrice.

Le congrès!... telle est la grave préoccupation, la pierre d'achoppement. Que sortira-t-il d'un congrès où l'existence de la Papauté sera en discussion?

La Russie schismatique, l'Angleterre, la Prusse, la Suède protestantes seront appelées à décider la destinée non d'un pouvoir, mais d'une institution catholique!

La guerre d'Italie aura pour effet de transformer la Sardaigne en puissance sans en faire une amie de la

France, et d'ébranler sinon de renverser la Papauté, cette fille de Charlemagne qui conservait en Italie à la France une influence que l'Angleterre veut accaparer.

La Papauté disparaîtra soit. Nous verrons le Vatican transformé en manufacture, l'Eglise St-Pierre en entrepôt de cotons Anglais. Un Pape ne donnera plus sa bénédiction *urbi* et *orbi*, mais l'Angleterre installera Manchester au Capitole.

Les journaux ont reçu la défense d'insérer dans leurs colonnes les mandements des évêques et de les discuter. Cette mesure n'arrêtera point le mouvement dont le haut clergé a donné le signal, elle aura pour effet de lui donner plus d'importance.

Depuis longtemps, les gouvernements ne comprennent pas que toute attaque à l'Eglise est une attaque à leur puissance.

Les souverains du XVIe siècle ne s'y trompèrent pas lorsque la grande voix de Luther vint éveiller la révolution, ils virent l'assaut donné à la royauté derrière la guerre entreprise contre le Pape. Les guerres de religion n'étaient que des guerres où l'opinion se revêtait des noms de catholiques et protestants.

La révolution de 1789 vint couronner l'œuvre sans pourtant blesser à mort la Papauté qui sortit entière de la grande lutte en 1814.

Aujourd'hui, elle est sérieusement menacée, chassée d'Italie ou prisonnière dans Rome, les souverains veulent l'amener à devenir un instrument. Jamais l'avenir de la catholicité n'a été aussi menacé. Si la Papauté disparaît, l'Eglise prend le rang d'une institution départementale;

il n'y a plus d'Eglise de France, il y aura des fonctionnaires curés ou évêques, et les prétendus libéraux qui sous prétexte de liberté auront rivé la sainte gardienne des croyances au grand chancre administratif se réjouiront de cette nouvelle centralisation.

En Italie la politique Sarde se réjouit de chaque symptôme de désordre qui apparaît, et chaque fois elle crie à l'Europe: donnez-nous toute l'Italie, nous la rendrons calme.

L'Italie a des généraux Sardes, des dictateurs Sardes, des agents Sardes qui la travaillent et qui ont mis des armes aux mains des Mazziniens; le mal qui se produit peut donc lui être imputé.

Les votes recueillis ou à recueillir sous la pression Sarde manqueront de bonne foi.

Si l'Empereur Napoléon ne retire pas la France du mauvais pas où il l'a embarquée, l'affaire d'Italie sera pour son règne ce qu'a été le partage de la Pologne pour celui de Louis XV.

L'Angleterre ne veut, dit-on, assister à un congrès que s'il est convenu d'avance que le vœu des populations quelqu'il soit sera respecté. Il est vraiment honteux pour l'Europe de laisser tenir à l'Angleterre un langage si plein d'hypocrisie. L'Angleterre respecte-t-elle les vœux des Maltais, des Jonniens, des Irlandais? a-t-elle souci de leurs doléances? Est-elle bien venue à parler des abus de l'Eglise catholique, à ameuter le monde contre elle, quand elle maintient son Eglise anglicane avec la dîme des biens territoriaux énormes et qu'elle force surtout l'Irlande catholique à payer la dîme à des pasteurs protestants qui faute d'ouailles vont manger sur le continent le revenu des pauvres.

MERCREDI 26 OCTOBRE.

Nous sommes dans les fluctuations de l'incertitude, et toutes les questions politiques paraissent s'embrouiller de plus en plus.

L'Angleterre, on ne peut se le dissimuler, est pleine de mauvais vouloir à notre sujet : L'Italie, la guerre du Maroc, le percement de Suez donnent lieu de sa part à des manifestations hostiles.

Il y a trois jours, l'Empereur a reçu Monsieur de Lesseps et il lui a dit :

« *Vous ne pourez cependant vouloir que je fasse la* « *guerre à l'Angleterre pour l'isthme de Suez?* »

« Non, Sire, » a répondu M. de Lesseps, « mais alors « je vais réunir mes actionnaires et je leur rendrai leur « argent. »

« *Gardez-vous en bien,* » a repris l'Empereur, « *dites-* « *leur qu'on négocie!* »

L'affaire du Maroc peut devenir très grave si nous voulons en tirer quelqu'avantage matériel. La coïncidence de l'expédition Française et de l'expédition Espagnole inquiète l'Angleterre, elle craint l'occupation de Tanger. Il lui importe, dit-elle, pour l'importance de Gibraltar que Tanger ne soit pas aux mains d'une puissance Européenne, car alors elle ne possèderait plus les clefs de la Méditerranée.

L'Angleterre veut que toutes les grandes positions maritimes lui soient dévolues pour la sécurité et le maintien de son despotisme maritime, mais elle n'accepte pas que la France puisse émettre quelques exigences dans la question Italienne pour la sûreté de ses frontières et de sa politique.

L'intérêt Anglais est une *suprema lex,* le reste n'est rien.

En Italie, les affaires semblent mal marcher; tous les beaux et *illustres* dictateurs Piémontais envoyés à l'Italie centrale se sont appuyés sur les Mazziniens, ils les ont armés et maintenant se trouvent fort embarrassés de sévir contre les assassins de Parme protégés par le parti Mazzinien. Nos journaux plaident en faveur de ces misérables les circonstances atténuantes et nient tout crime commis jusqu'à ce que la vérité se produise malgré eux.

Dans les Romagnes, les persécutions contre le clergé commencent. L'évêque de Rimini et plusieurs prêtres sont emprisonnés, et le thème convenu est de répondre: réunissez tous ces pays à la Sardaigne et *tout* ira le mieux du monde.

Rien ne le prouve mieux que ce qui se passe à Milan où les Sardes commencent à se faire détester, les officiers pour la raideur de leurs manières, l'importance qu'ils cherchent à se donner, et le gouvernement de Victor-Emmanuel pour ses volontés centralisatrices. Milan s'accommode peu de devenir une ville de province.

En partant de Rome, l'envoyé Sarde aurait bien voulu à l'occasion de son départ faire une petite émeute, un pronunciamento Sarde, mais il en a été empêché.

Partout en Italie, Victor-Emmanuel, aidé des hommes de la révolution, cherche à faire renverser les gouvernements encore debout.

JEUDI 27 OCTOBRE.

L'Empereur est, assure-t-on, fort aigri et très monté contre l'Angleterre, et parfaitement décidé à se passer de son concours et à ne se laisser intimider, ni par ses froideurs, ni par ses menaces. Il a dit au ministre de la marine que l'expédition pour la Chine devait être prête à partir le 1er décembre.

Les journaux de Bruxelles font grand bruit de l'entente qui s'est établie à Breslau entre l'Empereur de Russie et le Régent de Prusse. Ici on ne s'en inquiète pas énormément, les préoccupations ont un autre objet. Le refroidissement entre la France et l'Angleterre tient les esprits en émoi. La situation de l'Italie paraît chaque jour plus grave, et tout le monde s'effraye de ce qu'elle laisse entrevoir pour l'avenir. Le roi Victor-Emmanuel est débordé par le parti Mazzinien que ses agents ont imprudemment armé. A Parme, la punition du crime commis sur la personne du colonel Anviti éprouve de sérieuses difficultés ; les Mazziniens, comme de raison, protègent les assassins, la populace a été seule armée par le dictateur Farini, la populace est maîtresse.

Je crains que la France n'ait été lancée pendant la campagne d'Italie dans les voies d'une mauvaise politique. L'ex-préfet de police, Piétri, avait et a rempli une ténébreuse mission qui n'est pas expliquée, mais qui s'est révélée par l'insurrection des légations, et Piétri touchait des payeurs de l'armée des sommes fort considérables.

Je tiens d'un de ces payeurs, qu'un jour il y eut toute une négociation parce que Piétri ne voulait pas venir lui-même donner quittance d'un bon de *cent mille francs* qu'il avait envoyé toucher.

L'expédition contre le Maroc sera beaucoup plus sérieuse qu'on ne semblait le croire d'abord, et la ville de Tanger tient fixé sur elle les yeux des hommes d'Etat Anglais. Si nous l'occupons, l'Angleterre sera fort irritée; si nous ne l'occupons pas, nous perdrons une belle occasion de contrebalancer Gibraltar.

Enfin, la situation est comme l'on dit en langage de journaux: *fort tendue.*

Boilay, secrétaire général du Conseil d'Etat, me parlait ce matin de son président Baroche et il me disait qu'il n'avait jamais connu d'homme aussi peu scrupuleux au maniement de l'injustice. Non seulement il a soin de la fortune de ses fils pour lesquels il fait mettre de côté toutes les règles de l'avancement hiérarchique, mais pour les parents de ses valets, il déplace, il congédie de bons serviteurs et met au pillage les emplois.

Messieurs les ministres se gênent peu.

Magne a fait son fils receveur général.

Rouland a fait du sien un ministre de l'Instruction publique et des cultes en second, et ce jeune faquin reçoit avec une certaine suffisance les professeurs les plus distingués, les membres de l'Institut et nos prélats les plus éminents.

Le duc de Malakoff, en prenant possession de la grande chancellerie de la légion d'honneur, s'est montré si acre et si cassant au premier conseil, que plusieurs membres ont donné leur démission, entr'autres Victor Fouché, et il faut que le Malakoff ait été loin pour que Fouché ait donné sa démission.

La reine des Pays-Bas est à St-Cloud, la princesse Marie de Russie viendra à Compiègne.

MARDI 1er NOVEMBRE.

L'Empereur est parti pour Compiègne.

Les journaux publiaient hier une lettre qu'il a écrite au roi de Sardaigne et qui fait quelque sensation. Il y parle du prochain congrès et du rôle que la France doit y remplir.

Cette lettre a été donnée primitivement par le *Times* et porte la date de St-Cloud, 20 octobre.

L'Empereur engage le roi à s'unir à lui pour marcher sous une entente commune.

« *Les circonstances sont graves,* » dit-il, « *et il ne s'agit* « *pas maintenant de savoir si j'ai bien ou mal fait de* « *conclure la paix de Villafranca, mais bien plutôt de faire* « *produire au traité les résultats les plus favorables à la* « *paix de l'Italie et au repos de l'Europe.* »

L'Empereur trace ensuite les conditions *essentielles* de la régénération de l'Italie.

« Assemblée d'Etats indépendants unis par un lien « fédéral.

« Chacun des Etats devra adopter un système repré- « sentatif et des réformes salutaires.

« La Confédération devra alors ratifier le principe de « la nationalité Italienne, n'avoir qu'un même drapeau, « qu'un même système douanier et monétaire.

« Le centre dirigeant devra être à Rome et se com- « posera de représentants nommés par les souverains sur « une liste préparée par les Chambres, afin que dans cette « sorte de diète l'influence des familles régnantes soup- « çonnées de pencher vers l'Autriche soit contrebalancée « par l'élément électif.

« La présidence honoraire de la Confédération, accordée « au Saint-Père, satisferait le sentiment religieux de l'Eu- « rope catholique ; l'influence morale du Pape serait aug- « mentée en Italie et lui permettrait de faire des con- « cessions conformes aux vœux légitimes des populations.

« Aujourd'hui, le plan que j'avais formé au moment « de conclure la paix, peut encore s'exécuter si Votre « Majesté veut employer son influence pour le favoriser. « D'ailleurs, on a fait un pas considérable dans cette di- « rection. La cession de la Lombardie avec une dette ré- « duite est un fait accompli.

« L'Autriche a renoncé à son droit d'avoir des garni- « sons dans les places fortes de Plaisance, de Ferrare et « de Commachio.

« Les droits des souverains, à la vérité, ont été ré- « servés, mais l'indépendance de l'Italie centrale a été aussi « garantie, toute idée d'intervention étrangère ayant été « formellement écartée ; enfin la Vénétie deviendra une « province purement Italienne.

« Il est dans l'intérêt de Votre Majesté et de la pénin- « sule de me seconder dans le développement de ce plan, « afin qu'il produise les meilleurs résultats possibles, car

« Votre Majesté ne saurait oublier que je suis lié par le « traité, et je ne puis dans le congrès qui est sur le point « de s'ouvrir me soustraire à mes engagements. Le rôle « de la France est tracé d'avance:

« Nous demandons que Parme et Plaisance soient ré-« unis au Piémont parce que ce territoire au point de vue « stratégique lui est indispensable.

« Nous demandons que la duchesse de Parme soit « appelée au trône de Modène.

« Que la Toscane, augmentée peut-être d'une portion « de ce dernier territoire soit rendue au grand-duc Fer-« dinand.

« Qu'un système de sage liberté soit ménagé en Italie.

« Que l'Autriche se défasse franchement d'une cause « permanente d'embarras pour l'avenir, et qu'elle consente « à compléter la nationalité de la Vénitie en créant non « seulement une représentation et une administration sé-« parées, mais aussi une armée Italienne.

« Nous demandons que les forteresses de Mantoue et « de Peschiera soient des forteresses fédérales, et enfin « qu'une Confédération basée sur les besoins réels autant « que sur les traditions de la péninsule, consolide à l'ex-« clusion de toute influence étrangère, l'édifice de l'indé-« pendance Italienne.

« Je ne négligerai rien pour atteindre ce grand résultat, « que Votre Majesté en soit convaincue, mes sentiments ne « varieront pas, et autant que le permettront les intérêts « de la France, je serai toujours heureux de servir la cause « pour laquelle nous avons combattu ensemble. »

Nous en sommes fâchés, mais ce document manque de franchise envers tous les partis.

L'Empereur veut faire du Pape un prisonnier aux mains de la Confédération Italienne.

Il veut expulser totalement l'Autriche avec les politesses d'un congrès, et il ne désire pas que le Piémont s'enrichisse de toute l'Italie.

Que veut dire ce respect du vœu des peuples et ce système de non-intervention? S'il est réel, faites retirer de l'Italie les dictateurs, les généraux et les agitateurs Piémontais, désavouez le parti de Mazzini que vous avez armé, et alors appelez les populations à se prononcer.

L'Angleterre réclame pour l'Italie la non-ingérence des Etats étrangers dans les affaires de cette péninsule, mais depuis 1846 l'Angleterre par ses agents pousse l'Italie et la Sicile à la révolte; en 1847, ses flottes croisant sur le littoral semaient partout des appels au soulèvement; et quant au Piémont, il soldait par toute l'Italie des agitateurs. La non-ingérence est seulement au profit de la révolution.

Montalembert a fait avant-hier saisir le *Correspondant* pour un article qu'il y avait inséré et où il ne disait cependant que la vérité:

« C'est la France qui a sauvé l'indépendance temporelle du Saint-Siége en 1849, et c'est elle qui la laisse « ébranler et amoindrir en 1859.

« Encore une fois, c'est la guerre portée par la France « en Italie qui aura amené la destruction de l'autorité temporelle du Pape dans le tiers de ses Etats, et l'ébranlement irréparable de tout ce qui reste. La fille aînée de « l'Eglise en demeurera comptable devant le présent comme » devant l'histoire, devant l'Europe, comme devant Dieu.

« Le rôle de l'Angleterre n'a qu'un nom .... il est « ignoble ....

« Il faut bien le proclamer, si l'Italie au lieu de dé- « créter une statue à l'astuce, à la déloyauté, à la dépra- « vation politique personnifiée dans Machiavel ....

« On sait que le gouvernement Toscan vient de décider « qu'il serait élevé une statue à Machiavel en même temps « qu'à Napoléon III et au roi Victor-Emmanuel. »

Montalembert est accusé par le Ministère de dénaturer les faits, de changer leurs conséquences.

Nous ne répondrons qu'une chose :

Qui a fait la révolution des Romagnes ?

Est-ce le prince Napoléon ?

le prince Pepoli ?

le colonel Cipriani ?

Piétri et son frère ?

Le Pape, par le fait de cette révolution, a-t-il perdu une partie de ses Etats ?

Montalembert est encore accusé de dépasser toutes les limites d'une appréciation libre des gouvernements étrangers en insultant les nations alliées de la France.

Le gouvernement Français ne se gendarme que contre les attaques dirigées contre les gouvernements révolutionnaires ou protecteurs de révolutions.

L'assimiliation de l'Empereur à Machiavel est injurieuse, dit Monsieur Rouland, pourquoi donc les Italiens dressent-ils côte à côte ces deux statues ?

Rouland ne veut pas « abandonner à la merci des passions personnelles et des haines de partis, l'honneur de la politique Française et la loyauté des principes si solennellement affirmés. »

Rien de tout cela n'est attaqué. Pauvre Rouland! ce n'est pas l'honneur de la politique Française que conspue Montalembert, c'est son déshonneur, c'est ce travail souterrain que la France a laissé faire, enfin c'est le dépouillement du Pape opéré, on ne saurait le nier, en présence de l'armée Française, et quant aux principes *si solennellement affirmés!* il faut croire que la révolution est un principe, car la révolution seule a été choyée.

Aujourd'hui, on est embarrassé; Messieurs les Mazziniens sont armés par le dictateur venu du Piémont. Garibaldi, général de division Piémontais, parcourt l'Italie centrale en triomphateur, et voilà qu'on n'ose plus compter sur Garibaldi.

D'un autre côté, Milan se prend à ne pas aimer les Piémontais.

L'Italie pourra punir un jour ceux qui ont ressuscité la statue et la politique de Machiavel.

JEUDI 10 NOVEMBRE.

La haute comédie qui se joue à propos des affaires d'Italie prend des proportions plus grandes. Le roi de Sardaigne a répondu, dit-on, à l'Empereur Napoléon que si le traité de Villafranca le liait, lui, Victor-Emmanuel était lié par ses engagements envers l'Italie centrale.

Puis, ce roi *galant homme* fait tant soit peu le rodomont et se prépare à passer du côté de l'Angleterre qui se montre notre adversaire le plus acharné et ne consentira à faire partie d'un congrès qu'à la condition de nous y jouer les plus mauvais tours possible.

Supprimer la Papauté et créer un Etat Italien assez fort pour nous inquiéter, tel est son but.

Les Piémontais nous détestent très cordialement et nous le montrent de toutes les façons; par contre, ils se rapprochent de l'Angleterre et notre campagne d'Italie aura pour résultat d'amoindrir, si ce n'est de briser la puissance temporelle des Papes partant leur indépendance, et de faire de l'Italie une menace future sur notre flanc.

Pour obéir au vœu de populations auxquelles on a refusé le suffrage universel, les dictateurs Piémontais disparaissent de l'Italie centrale et sont remplacés par un régent Piémontais, le prince de Carignan.

L'armée Romagnole qui, paraîtrait-il, n'inspire plus de confiance à la ligue, est remplacée sur la ligne des frontières par des troupes Toscanes.

Les nouvelles transmises par les journaux n'inspirent d'ailleurs aucune confiance, tous mentent en faveur du parti qu'ils soutiennent.

La paix est, dit-on, signée à Zurich, et la France fait l'avance au Piémont de cent millions que cette puissance doit payer à l'Autriche!

J'avoue que c'est pousser loin la duperie.

Les Anglais n'ont pas envoyé un homme au secours de Victor-Emmanuel, ils ne lui prêtent pas un sou, mais ils parlent beaucoup, se proclament ses plus sûrs amis, et nous relèguent dans les derniers plans.

Le sang de 50,000 de nos soldats et l'argent de notre trésor ne valent pas un mensonge Anglais!...

MARDI 15 NOVEMBRE.

Le roi de Sardaigne refuse, dit-on, par le conseil de l'Empereur Napoléon, la dictature des provinces centrales de l'Italie, que les assemblées de ces provinces offraient au prince de Carignan. Une note insérée au *Moniteur* a blâmé cette offre qui empiétait sur les décisions du futur congrès, car la paix est signée, et le congrès va se réunir à Paris quoique l'Angleterre fasse encore pour la forme quelques difficultés.

L'Angleterre, si peu soucieuse du vœu des populations, désire que celui des populations Italiennes sur la forme de leur futur gouvernement soit respecté et Dieu sait quel mode a été employé pour les consulter, Dieu sait sous quelle pression, avec quelle restriction il l'a été.

Ce que l'Angleterre voudrait être sûre d'obtenir, c'est la dépossession du Pape. Une fois, le Pape mis à la portion congrue sous la surveillance du Piémont, l'Angleterre sait que sa souveraineté et son indépendance ne sont plus que des mots sans valeur. Le Pape restreint ou privé du pouvoir temporel, l'Angleterre ouvre Rome à tous les cultes dissidents, elle la couvre de ses bibles et de ses prédications, elle n'épargne ni argent, ni séductions pour protestantiser l'Italie; alors sa politique triomphe véritablement, la France est chassée de ce pays, la Sardaigne transformée en royaume Italien règne au profit de l'Angleterre dans toute la péninsule, et nous avons à nous garder d'un allié des Anglais sur notre flanc méridional.

L'Angleterre ose avouer qu'elle ne peut permettre l'occupation de Tanger par les Espagnols, parce que cette place possédée par un gouvernement Européen compromettrait la sûreté de Gibraltar qu'elle a volé à l'Espagne : mais elle exprime toute son indignation contre la France qui s'oppose à la destruction de dix souverainetés au profit d'un ambitieux voisin de troisième ordre. candidat au premier rang des souverainetés, peu scrupuleux sur le choix des moyens, possesseur de la Savoie, porte ouverte sur la France, dangereux ennemi si nous avions une guerre contre l'Angleterre parce qu'il nous forcerait à nous garnir du côté des Alpes.

Le congrès qui va s'ouvrir décidera une grave question, non pas seulement celle de l'influence actuelle de la France, mais celle de sa sécurité future.

Encore un nouveau et inconcevable sénateur !

J'apprends que Saulcy, ancien conservateur du Musée d'artillerie, capitaine d'artillerie, membre de l'Institut, léger et aventureux dans ses assertions historico-archéologiques, compromis dans plusieurs tripotages d'affaires et de fournitures, inspecteur général des bibliothèques, est nommé sénateur ! . . . Quelques personnes affirment qu'il n'a nullement intrigué pour obtenir cette dignité, mais que sa femme, dame de l'Impératrice, a su apprivoiser S. E. Monseigneur Fould ! Il faut avouer, si cela est vrai, que jamais siége au Sénat n'a été payé plus cher. Edgard Ney avait déjà fait nommer l'époux d'une de ses belles au poste de sénateur. Les grands officiers suivent les traces du maître.

Si cela continue, les historiens futurs pourront intituler l'histoire du Sénat : *L'histoire des mille et une nuits.*

La grande-duchesse Marie de Russie, veuve du duc de Leuchtemberg et épouse d'un comte Strogonoff, présidente de l'Académie des Beaux-arts de Pétersbourg, est à Paris. Elle a fait déjà deux visites au Louvre et doit y revenir. Cette princesse encore très agréable malgré ses trente-neuf ans passés est élégante, aimable et spirituelle. Elle réclamait de l'Empereur une dotation pour son fils aîné, petit-fils de l'impératrice Joséphine par le prince Eugène et qui à ce titre a joui jusqu'en 1850 d'une dotation dont l'impératrice avait disposé en faveur du prince Eugène et de sa descendance. Le Conseil d'Etat, saisi de la demande, a décidé que pour jouir d'une pareille dotation il fallait être prince Français et que le fils de la grande-duchesse Marie était naturalisé Russe.

MERCREDI 16 NOVEMBRE.

La dernière brochure de Monsieur Emile de Girardin : *Napoléon III et l'Europe*, a été saisie :

Monsieur de Saulcy n'est pas le seul sénateur nouveau dont s'enrichira le palais du Luxembourg ; avec lui entrent dans le premier corps d'Etat : Monsieur le comte de Lagrange, général de division, plus connu pour ses intimités avec toutes les filles de marbre que pour ses hauts faits militaires ; puis enfin, Monsieur Rouland, ministre de l'Instruction publique et des cultes.

Un des amis de Morel Fatio causait, il y a quelque temps, avec le ministre de la guerre, maréchal Vaillant le nom de Saulcy fut prononcé.

« Vous le connaissez, je crois, Monsieur ? » dit le maréchal.

« Oui, sans doute, » répondit l'interlocuteur, « Saulcy « est un capitaine d'artillerie, membre de l'Institut, fort « savant et fort estimé pour quelques ouvrages scienti- « fiques, entre autres un voyage sur les bords de la mer « Morte. Il était encore tout dernièrement conservateur « du Musée d'artillerie, mais il a donné sa démission. »

« Dites qu'on l'a exigée de lui, » reprit le maréchal, « et que par la même occasion on l'a invité à prendre sa « retraite ; mais venez dans mon cabinet, je tiens à vous « faire consulter son dossier. »

Le maréchal entraîna l'ami de Morel Fatio dans son cabinet, et là, pièces sur table, il lui administra la preuve que Saulcy, officier de l'armée, conservateur d'un Musée dépendant du Ministère de la guerre, avait trempé dans une sale affaire de pot de vin à propos de fournitures à faire aux troupes Françaises ; compromis plus tard dans des affaires industrielles, Saulcy avait obtenu le poste d'inspecteur général des bibliothèques, enfin pour l'indemniser tout à fait on le crée sénateur ! Il est de tous les voyages de Compiègne, il jouit de la plus haute faveur et il met, malgré le maréchal Vaillant qui se voit contraint de l'avoir pour *collègue,* ses *pots de vin* en bouteille.

On voit par là qu'il y a plus d'un moyen pour se faire une bonne cave.

VENDREDI 16 DÉCEMBRE.

Des déplacements continuels m'ont fait suspendre depuis un mois la conversation que j'ai avec mon livre confident. Ce temps cependant n'a pas été perdu pour l'observation. J'ai beaucoup causé, beaucoup écouté surtout, puis, j'ai beaucoup réfléchi, et sans attacher plus d'importance qu'ils n'en méritent aux signes extérieurs de la politique actuelle, dédaignant cette étroite polémique des journaux qui ne s'attachent qu'aux événements du jour, j'ai cherché l'avenir dans les contradictions mêmes du présent.

L'Empereur n'est pas communicatif, il reste des jours entiers, pour ainsi dire, sans parler; la pensée cachée absorbe tout, il semble comme la divinité patient parce qu'il croit à son éternité. Calme et profondément dissimulé même pour ceux qu'il a le plus dans son intimité, son âme est de marbre comme sa figure. D'ailleurs, il n'estime pas assez les hommes pour en élever aucun jusqu'à sa confidence; laborieux ouvrier, il a des outils et n'a pas de compagnons.

Il ne faut point prétendre le juger par ses actes seulement, car le sens véritable en échappe souvent aux esprits les plus perspicaces.

Mon esprit continuellement préoccupé de cette grande figure historique a cru pourtant entrevoir sa signification dans l'histoire du monde moderne. Dans mes longues veilles, j'ai suivi par la pensée ce puissant mineur, et malgré le silence de ses coups de pioche, j'ai pénétré dans les tranchées souterraines qu'il creuse avec une magnifique persévérance.

L'Empereur, allié de l'Angleterre, n'est pas son ami, il prévoit le jour où la lutte éclatera entre cette nation et la France, et il prépare les alliés auxquels il aura recours.

La guerre d'Italie, le réveil de l'Espagne, la campagne de cette dernière puissance contre le Maroc ont été des avertissements dont le sens ne m'a point échappé.

L'Empereur veut rendre à l'élément Latin la force de cohésion, la vigueur morale qu'il a perdue ; il veut de Cadix et de Venise aux frontières de la Belgique et à la barrière du Rhin, réunir tous les peuples dans une même communauté d'intérêts ; opposer à l'élément Saxon, l'élément Latin, comme dans le Nord l'élément Slave est opposé à l'élément Germanique.

Le jour où sera opérée cette conciliation, le jour où l'Italie et l'Espagne ressuscitées auront repris leur place parmi les nations militaires et politiques, alors éclatera contre l'Angleterre une guerre de races opprimées, et l'Europe lui demandera compte de sa longue et insolente domination.

Jusque là, l'Empereur se tait et prépare peu à peu les générations futures aux guerres qu'elles auront en partage par l'amélioration présente de la condition des peuples.

La lutte contre l'Angleterre est dans sa pensée, il la souhaite plus que personne, mais il ne la veut qu'à son jour, qu'à l'heure marquée sur son cadran mystérieux.

Il y a huit jours, j'ai eu une longue et intéressante conversation, le matin, chez la Princesse Mathilde, avec elle et le président du tribunal de 1re instance.

Voici ce qu'elle nous a dit :

« Ce n'est point Lagrange qui a tiré en 1848 sur le « bataillon placé devant l'Hôtel des Affaires étrangères, « c'est Piétri ! . . . qui depuis a été préfet de police. Je l'ai « entendu encore tout animé du combat se vanter de son « action, Piétri portait une blouse ! »

Puis, la Princesse nous a encore dit qu'en 1849 le prince Jérôme, Abbatucci et tout ce monde-là étaient d'une animation extraordinaire contre *le président*. On ne le nommait que *le scélérat, l'infâme*. Le prince Jérôme disait : *Il me faut son sang*. C'était un déchaînement incroyable. Piétri était alors et est encore l'âme damnée des Jérôme.

Monsieur Fould prétend que son fils réfugié à Londres n'a jamais rien publié contre lui ; que tout le bruit qu'on a fait d'un prétendu livre imprimé à Londres est pure invention, et il offre 10,000 francs à celui qui lui en montrera un exemplaire.

Le prince Jérôme était mourant avant-hier par suite d'étouffements et de douleurs du cœur, il est en ce moment beaucoup mieux.

La nomination de Saulcy est due à la seule influence de l'Impératrice.

Lenormand conservateur des médailles à la bibliothèque Impériale est mort, sa succession a été disputée à Chabouillé, conservateur adjoint par mon collègue Longpérier, qu'appuyait vivement le prince Napoléon ; mais Chabouillé l'a emporté et maintenant le cours d'archéologie dont Lenormand était le professeur est ambitionné par Longpérier et Rougé, ces deux intrigants travaillent par tous les moyens à l'emporter l'un sur l'autre.

Le *Journal des Débats* demande ce matin si l'Egypte appartient au Sultan ou à la reine d'Angleterre, car en réponse aux instances de la France, de la Russie, de la Prusse, de l'Autriche, du Piémont, de l'Espagne, etc. etc., pour l'ouverture du canal de Suez, la Turquie a répondu:

« *Que ces puissances s'entendent et se mettent d'accord* « *avec l'Angleterre.* »

Il est vrai que jamais on n'a entendu rien de pareil.

VENDREDI 23 DÉCEMBRE.

Le congrès va s'ouvir, les plénipotentiaires sont désignés.

La Russie envoie son ministre des Affaires étrangères.

Le Piémont a insisté pour se faire représenter par Cavour, et Cavour y viendra !

Il a paru hier une brochure sur la Papauté et la position qu'elle devra occuper en Italie.

Cette brochure fait grand bruit, car on l'attribue à l'Empereur directement sans l'intermédiaire de La Guéronnière.

Les admirateurs *quand même* prodiguent la louange à ce factum, qu'ils considèrent comme solution, qu'ils admirent comme une illumination d'un génie merveilleux.

Je ne partage ni leur enthousiasme, ni leur confiance.

J'ignore de qui est cette brochure, mais elle pèche surtout par le raisonnement, et si elle n'est une amère dérision, elle est l'œuvre peu logique d'un homme politique fourvoyé dans le désir d'accoupler des principes contraires.

L'auteur établit d'abord *que le pouvoir temporel du Pape au point de vue du double intérêt de la religion et de l'ordre politique de l'Europe est une chose parfaitement démontrée.*

Il établit encore *que le pouvoir temporel du Pape est nécessaire à l'exercice de son pouvoir spirituel.*

... Qu'au point de vue politique, le chef de deux cent millions de catholiques ne doit appartenir à personne ... que si le Pape n'était pas souverain indépendant, il serait Français, Autrichien, Espagnol ou Italien, etc. etc.

Puis, il arrive à cette conclusion:

Que le pouvoir temporel du Pape est nécessaire et légitime, mais incompatible avec un Etat de quelque étendue. Il n'est possible que s'il est exempt de toutes les conditions ordinaires du pouvoir !..., c'est-à-dire de tout ce qui constitue son activité, son développement, ses progrès. Il doit vivre sans armée, sans représentation législative et, pour ainsi dire, sans code et sans justice.

Ce superbe pathos paraît bien près du déraisonnement quand on vient à relire les termes du point de départ:

Que le pouvoir temporel du Pape est nécessaire à l'exercice de son pouvoir spirituel.

Je cherche vainement la trace d'un pouvoir temporel quelconque jusqu'ici, je ne la trouve pas; à moins qu'il ne faille accepter comme sérieuses les burlesques énumérations suivantes:

... Sans ce régime, les dogmes sont les lois, les prêtres sont les législateurs, les autels sont les citadelles et les armes spirituelles sont la seule égide du gouvernement. Sa puissance est moins dans sa force que dans sa faiblesse ...

Un pouvoir temporel qui doit sa force à sa faiblesse qui n'a d'autres armes que les armes spirituelles, n'est pas un pouvoir temporel ; mais allons plus loin :

Il suit de là naturellement, d'après nous, que la question n'est pas de savoir si le Pape aura plus ou moins de sujets, plus ou moins de territoire. Il faut qu'il en ait assez pour ne pas être assujeti lui-même, et pour être souverain dans l'ordre temporel, mais il ne faut pas que cette souveraineté l'oblige à jouer un rôle politique, car alors le Pontife, loin de trouver dans ce pouvoir une garantie d'indépendance n'y trouverait qu'une condition de servitude pour lui ou une nécessité d'asservissement pour son peuple.

C'est là du galimatias ou je ne m'y connais pas.

Qu'est-ce qu'une souveraineté temporelle qui ne sera pas politique ? ... qui aura des citadelles formées d'autels ? ... qui sera forte de sa faiblesse et qui trouvera son indépendance dans l'exiguité de sa puissance ?

Toute cette phraséologie serait risible, si le sujet prêtait à rire.

Le pouvoir temporel ainsi défini semble encore trop considérable à l'auteur de la brochure.

Nous concevons donc le gouvernement temporel du Pape comme l'image du gouvernement de l'Eglise. C'est un pontificat et non une dictature. Le large développement de la vie municipale dégageant sa responsabilité des intérêts administratifs, il peut se maintenir dans une sphère qui l'élève au-dessus de la manipulation des affaires. Membre de la Confédération Italienne, il est protégé par l'armée fédérale.

Le pouvoir temporel, déjà privé du pouvoir politique, n'a plus même le pouvoir administratif de la ville de Rome. Ce pouvoir est remis à une municipalité qui le développe *largement.*

Cette municipalité pourra concéder l'érection de temples protestants, de synagogues, accorder le libre exercice de tous les cultes dans la ville consacrée au Pontife catholique, puis un beau jour, comme conséquence forcée, ainsi que cela s'est pratiqué en France, un arrêté municipal interdira l'exercice extérieur du culte catholique s'appuyant sur ce considérant que tous les cultes sont protégés dans Rome et qu'il ne peut être accordé à l'un ce qui est interdit aux autres; ou bien qu'il faut respecter les croyances de chacun, et qu'un protestant ou un juif ne peuvent être tenus de faire acte de respect ou de déférence pour les cérémonies d'un culte qui leur est étranger, etc. etc.

Par suite du même principe, la même municipalité *largement* développée peut notifier au Pape qu'il ait à cesser de donner publiquement et solennellement sa bénédiction *urbi* et *orbi.*

Voilà donc le Pape souverain temporel sans aucune possibilité d'exercer cette souveraineté.

La brochure fait beaucoup valoir qu'il ne peut y avoir pour la population de jouissance de droits politiques ni de représentation législative, mais dans ce *large développement* de la vie municipale pointe un tout petit *article 14* qui place la municipalité dans cette heureuse liberté de tout entreprendre.

La brochure affirme cependant qu'elle veut l'indépendance du Pape, car elle est d'un *bon catholique*, cette brochure! l'auteur le proclame.

Le Pape ne doit dépendre de personne, c'est encore l'auteur de la brochure qui concède ce grand principe, c'est l'effort généreux de ses premiers paragraphes.

Cependant cette générosité est bientôt détruite par une comédie de générosité pécuniaire trop curieuse pour n'être pas citée textuellement :

Un autre point très important, c'est que le culte catholique ne reste pas exclusivement à la charge des sujets du gouvernement pontifical. Le Pape est le souverain spirituel de tous les fidèles, il ne serait pas juste que les dépenses nécessaires pour entretenir la splendeur qui convient à la Majesté du chef de l'Eglise fussent supportées par les populations de ses Etats. C'est aux puissances catholiques à pourvoir à ces dépenses qui les intéressent toutes, par de larges tributs payés au Saint-Père.

Voilà le souverain temporel devenu fonctionnaire Européen, soldé pour être indépendant par les puissances catholiques qui en cas de mécontentement pourraient lui retirer ses appointements.

Son indépendance sera gardée dans Rome par les soldats des Etats italiens ou Sardes, ceci a quelque point de ressemblance avec Louis XVI surveillé par Lafayette et la garde nationale.

D'autre part, le Pape est traité comme les souverains Indiens dépossédés par la *Compagnie des Indes;* on lui fait une pension et on lui donne le Vatican pour prison.

On lui prend les Romagnes révolutionnées par le prince Napoléon, directeur de Piétri, et par des Toscans, des Piémontais, des Lombards, etc. etc., et l'auteur de la brochure croit avoir tout expliqué en disant:

« *Les Romagnes sont détachées des Etats Pontificaux* « *par le même droit qui en a fait détacher le comtat Ve-* « *naissin.* »

Le Pape est réduit non pas à la ville de Rome, mais à son oratoire, à son Vatican, au droit d'y tenir fenêtres fermées une cour de cardinaux; que fait l'auteur de la brochure? ... il lance à l'adresse des Romains quelques phrases qui devront les disposer peu favorablement envers le Pape; je terminerai en les citant, l'examen de cette brochure qui ne mérite pas un examen sérieux. Il me semble qu'il y a quelque chose d'odieux dans ces phrases; on en pourra juger:

... *En résumé, il y aura en Europe un peuple qui aura à sa tête moins un roi qu'un père et dont les droits seront plutôt garantis par le cœur de son souverain que par l'autorité des lois et des institutions.*

Ce peuple n'aura pas de représentation nationale, pas d'armée, pas de presse, pas de magistrature. Toute sa vie publique sera concentrée dans son organisation municipale: en dehors de ce cercle étroit (l'auteur oublie qu'il vient de dire que ce cercle sera largement developpé), *il n'y aura d'autres ressources pour lui que la contemplation, les arts, le culte des ruines et la prière.*

Il sera à jamais déshérité de cette noble part d'activité qui dans tous les pays est le stimulant du patriotisme et l'exercice légitime des facultés de l'esprit ou des supériorités du caractère.

Sous le gouvernement du souverain Pontife, on ne pourra prétendre ni à la gloire du soldat, ni à celle de l'orateur ou de l'homme d'Etat.

Ce sera un gouvernement de repos et de recueillement, une sorte d'oasis où les passions et les intérêts de la politique n'aborderont pas, et qui n'aura que les douces et calmes perspectives du monde spirituel.

Sans doute, il y a dans cette condition exceptionnelle quelque chose de pénible pour les hommes qui sentent en eux de nobles ambitions de servir et de s'élever par le mérite et qui sont condamnés à l'inaction. C'est un sacrifice qu'il faut bien leur demander dans un intérêt d'ordre supérieur devant lequel les intérêts particuliers doivent s'effacer, etc. etc.

Conclusion :

Elle brille par le sérieux de la bouffonnerie :

Le Pape souverain temporel *indépendant*, soldé par les puissances catholiques, privé de pouvoir temporel par une municipalité Romaine, gardé à vue par les soldats de Garibaldi.

Le peuple Romain ! Il est utile de le punir de n'avoir pas voulu s'insurger, l'auteur de la brochure lui demande la permission de lui faire avec sa plume la soustraction du cœur.

Le Pape élevé au même rang que le roi d'Oude.

Le peuple Romain classé parmi les parias.

Si Cavour avait revu les épreuves de cette brochure, je ne serais pas surpris.

SAMEDI 24 DÉCEMBRE.

Nieuwerkerke m'affirmait ce matin que l'Empereur avouait la paternité de la fameuse brochure, j'en suis fâché, et je ne suis pas le seul à en être fâché, car plus je la lis attentivement, plus, je la trouve illogique, et plus, elle me semble s'éloigner du but qu'elle se propose.

L'Angleterre s'en montre très satisfaite et je le crois sans peine; elle ne veut qu'une chose: la destruction de la Papauté, et voilà que le premier grand coup lui est porté par l'Empereur Napoléon III.

Charlemagne et avant lui son père Pépin avaient traversé les Alpes pour affranchir le Saint-Siége de la tyrannie des Lombards.

On ne peut, disent les partisans de la brochure, tenir perpétuellement garnison à Rome pour défendre le Pape contre ses sujets, et si demain l'occupation cessait, le Pape serait ou chassé, ou assassiné.

Oui, il en pourrait être ainsi si en retirant la garnison Française, on laissait pratiquer au roi de Sardaigne les intrigues révolutionnaires dont il ne s'est fait faute dans aucun coin de l'Italie.

Il est remarquable qu'on lève une armée, qu'on perde 50,000 hommes et qu'on dépense 300,000,000 de francs pour intervenir en Italie en faveur du roi de Sardaigne, notre ennemi futur, pour l'élever au rang inquiétant de premier ordre, et qu'on ne pense pas qu'il faille faire respecter et qu'il faille protéger contre Mazzini, Garibaldi, ou l'ambition Sarde, la Papauté qui est plus qu'une souveraineté, qui est la première des institutions, la clef de voûte du monde catholique.

Quant à ce que l'Empereur a tenté pour convaincre les Italiens de la nécessité d'une restauration des ducs, c'est une plaisanterie!... Il envoyait, il est vrai, dans ce but deux agents, mais quels agents? Reiset et Poniatowski, c'est tout dire!

D'un autre côté, la Sardaigne gouvernait, dirigeait l'Italie, la comprimait par ses agents, ses généraux, ses administrateurs, fabriquait des semblant d'élections, embouchait les cent voix de sa presse pour faire croire à une unanimité en sa faveur.

Enfin, tout cela a été de la comédie, de l'archicomédie, et la brochure est le final d'un acte, nous saurons quelque jour si c'est le final final.

LUNDI 26 DÉCEMBRE.

Hier soir, chez la Princesse Mathilde, on causait beaucoup de la brochure que l'on trouvait admirable, on était presque mécontent d'une seule chose, c'est que la part fût encore trop belle pour la Papauté. On trouvait charmant ces consolations dérisoires adressées aux Romains, ces louanges aux *grands Papes qu'il y a eu dans l'histoire*, etc. etc., et je ne sais plus qui se mit à dire: *les Romains auront pour ressource de renvoyer leur gouvernement s'ils n'en sont pas contents.*

Voilà le grand mot, le grand espoir! Le Pape gardé à vue d'abord, puis chassé!... cette petite satisfaction donnée à l'Angleterre fortifiera l'alliance.

On était furieux contre Veuillot qui a inséré dans *l'Univers* un projet d'adresse des catholiques au Pape.

La Princesse nous l'a lue et chacun a fait sa motion; le fils adoptif de La Valette aurait voulu faire arrêter Veuillot, Arago opinait pour la suspension du journal, Benoît Champy un second avertissement à Veuillot.

Le soir, cet archi-intrigant d'abbé Coquereau, aumônier en chef de la flotte, chanoine de première classe de Saint-Denis, proto-notaire apostolique... Monseigneur Coquereau enfin est venu dire à la Princesse que le clergé se montrait ravi de la brochure de l'Empereur et du sort réservé à Sa Sainteté le Pape:

Vous lui fîtes, seigneur,
En le croquant
Beaucoup d'honneur!

Et quant au berger, l'on peut dire:
Qu'il était digne de tous maux
Etant de ces gens là qui sur les animaux
Se font un chimérique empire!...

Tous les bons petits athées ou incrédules qui se réunissent chez la Princesse Mathilde se montraient radieux; c'était Noël, un jour de fête, la Papauté mise en servage, l'œuvre de Charlemagne mise au pilon, les Lombards vengés, les anciens oppresseurs de l'Italie transformés en Italiens et devenus géoliers du grand représentant chrétien en Italie! hosanna!...

Pauvres politiques... pauvres hommes qui ne comprennent pas que le principe d'autorité a le Pape pour représentant et pour symbole!.... pauvres fous qui ne vous souvenez pas d'hier.

Les révolutionnaires Français dépouillèrent d'abord le clergé de ses biens, en disant: le respect augmentera pour le sacerdoce pauvre. Le temporel n'est pas le spirituel.

Après, on voulut lui faire jurer contre sa croyance l'observation d'une constitution civile, et sur son refus on l'exila, on le chassa des églises, on le traqua dans les bois et les montagnes comme une bête fauve.

Après on ferma les églises et l'on décréta qu'il n'y avait pas de Dieu.

Après encore, on massacra les prêtres et on adora la déesse *raison*.

Il semblerait que les *hommes d'Etat* sentent le besoin d'une opposition religieuse... imprudents!

Pour Noël, la Princesse nous a fait tirer une loterie, nous étions quinze et pour chacun il y a eu un lot. Le matin, elle m'avait envoyé pour mes étrennes un écrin pour le thé contenant douze cuillers de vermeil et la pince à sucre marquées à mon chiffre et ma couronne.

J'oubliais un événement important dans la situation:

L'Empereur et l'Impératrice ont assisté à la Porte St-Martin à la représentation d'un drame en cinq actes de M. Victor Séjour intitulé *La tireuse de cartes*. Ce drame est la mise sur la scène de l'affaire Mortara, l'enfant du juif baptisé par sa nourrice, etc.

L'Empereur et l'Impératrice donnaient le signal des applaudissements, dit le journal *Le Siècle*.

Je n'aime pas cette façon de témoigner ses sentiments sur une affaire religieuse en présence des complications qui se préparent pour le Saint-Siége. Qu'il ait eu tort de soustraire un fils à ses parents, de maintenir malgré eux sa conversion, ce n'est point ce dont il s'agit, mais l'Empereur ne devrait pas exprimer son opinion à la Porte Saint-Martin.

MARDI 27 DECEMBRE.

Le but de la fameuse brochure semble se dessiner par l'interprétation que lui donnent ses panégyristes.

Le Pape se montrait peu disposé à toutes les réformes qu'on exige de lui, alors par le moyen de la brochure, on a voulu lui démontrer l'impossibilité qui lui sera faite d'exister autrement.

De là, ces doléances aux Romains qui sont de nature à les disposer peu favorablement pour le régime qu'on veut imposer; de là, cette description d'un prétendu pouvoir temporel qui ne serait en réalité qu'une privation de tout pouvoir quelconque.

Les *Aboutistes* se réjouissent, le clergé est indisposé, un nouveau ferment de division est introduit dans le pays, et le gouvernement est entraîné dans une voie de rigueur contre la presse religieuse.

L'Univers a reçu un second avertissement, il peut être supprimé à la première occasion, et les amis imprudents poussent le gouvernement à cette mesure.

Hier, chez la Princesse Mathilde, La Guéronnière avec lequel j'étais en froid depuis quelque temps, parce que je trouvais ainsi que je l'ai dit dimanche à son ami Latour-Dumoulin, que s'il est bien d'user de ses amis pour parvenir, il n'est pas bon de les négliger quand on pense n'avoir plus besoin d'eux, est venu à moi, m'a entraîné dans un coin du salon et s'est efforcé de me démontrer qu'il m'était tout dévoué. Il m'a dit que loin de m'oublier il avait songé à tirer parti de son passage aux affaires pour me proposer une situation dans mes goûts tout à la fois honorable et profitable; et après avoir longtemps parlé de l'affaire dont il désire que je prenne la direction, nous nous sommes ajournés au jeudi de la semaine prochaine pour conclure; nous devons ce jour là dîner ensemble.

MERCREDI 28 DÉCEMBRE.

Le clergé Français, quoiqu'en dise l'abbé Coquereau et même l'abbé Laine, est en insurrection contre la fameuse brochure.

L'Union d'aujourd'hui contient un long factum de l'abbé Dupanloup, évêque d'Orléans, dans lequel est attaquée sans ménagement l'œuvre impériale. Ce soir, Monseigneur Dupanloup corrigeait les épreuves de ce même factum qui doit paraître demain dans *L'ami de la religion*. Il se livrait à ce travail dans le bureau même du journal.

Une des personnes présentes lui dit :

« Ne craignez-vous pas, Monseigneur, que ces dis-
« cussions violentes ne nous conduisent à des événements
« regrettables dont la religion catholique aurait la pre-
« mière à souffrir ? »

« Non pas la religion, » répondit le prélat, « on peut « la proscrire un moment, mais elle vaincra toujours. « Quant à nous, quant à sa milice, on nous chassera, on « peut même nous couper le cou, nous sommes ici-bas « pour confesser notre foi, notre mort ne sera qu'un « triomphe de plus.

« La prison des Carmes reste dans le souvenir de « tous pour apprendre comment se comportent les prélats « Français vis-à-vis des bourreaux. »

Quelques personnes disaient ce soir que cette malheureuse brochure pourrait être un embarras pour le congrès, et qu'il serait possible que le cardinal Antonelli refusât de prendre part à une réunion de diplomates qui n'auraient à délibérer que sur le genre de mort à décréter contre la Papauté.

D'autres personnes pensaient que l'Autriche, l'Espagne et Naples, hésiteraient en présence de cette manifestation du Souverain Français.

JEUDI 29 DÉCEMBRE.

Le *Constitutionnel* répond ce matin au factum de Monseigneur d'Orléans, mais sa réponse n'est pas forte. Il a soin de ne pas toucher à cette partie de la brochure Impériale que je regarde comme une mauvaise plaisanterie à l'adresse des Romains consolés de la nullité à laquelle on les voue par la permission de contempler les monuments antiques de leur cité et de se livrer à la prière.

Mais le *Constitutionnel* s'étend longuement sur l'impossibilité de concilier la foi, le dogme, la religion en un mot avec le progrès; sur l'imminence des révolutions qui surgiraient dans Rome le lendemain du départ des troupes Françaises, etc. etc.

Ce que le *Constitutionnel* ne cherche pas, c'est l'influence qui mettrait ces révolutions en action; c'est la part qu'y prendraient les Piémontais, les Toscans, les Lombards, enfin tout ce qui a fait le mouvement des Romagnes.

S'il y a une violence que je déplore dans les publications des défenseurs de la Papauté, il y a mauvaise foi de la part de ceux qui l'attaquent.

On n'arrive que peu à peu à décéler ce que l'on veut, on montre enfin depuis avant-hier ses intentions:

Le Pape prisonnier dans Rome et gardé par les troupes de Garibaldi.

La Papauté ne peut accepter cette situation.

La brochure reconnaît elle-même que le Pape doit jouir d'une indépendance complète et je demande à tout homme de bonne foi si la Papauté gardée dans Rome par les soldats de la ligue auxquels elle n'aurait pas d'ordre à donner, privée d'influence politique, débarrassée des soins administratifs par la municipalité Romaine qui règnerait en son nom, pourrait être indépendante?

Non, elle serait prisonnière, la subvention même que lui payeraient les puissances catholiques constaterait son servage. Ce n'est plus le Pape que l'on veut à Rome, c'est un fonctionnaire soldé que les gouvernements parlementaires discuteraient à propos même du subside qui lui est payé.

Ne faites pas une Papauté *Mérovingienne fainéante*, souverains qui voulez vous retremper à la source du principe même d'autorité. Que la Papauté surtout n'accepte pas des maires du palais, mieux lui voudrait pour la conservation du respect qui lui est nécessaire, la persécution, l'exil, la pauvreté.

Pie VII était plus grand et plus puissant dans sa prison de Fontainebleau que ne le serait Pie IX dans son Vatican gardé par les soldats de la ligue, que Pie IX soldé par les souverains catholiques, que Pie IX consentant au dépouillement du patrimoine de St-Pierre, que Pie IX enfin ne pouvant sortir de ce grand Vatican cloîtré qu'on lui ferait en neutralisant Rome.

La Sardaigne qui depuis des années surexcite les populations Italiennes, crie bien haut qu'elle seule peut opposer une barrière aux coupables efforts des Mazziniens, et pourtant la Sardaigne avance leurs affaires.

Rome a perdu l'Empire, elle est menacée de perdre la Papauté, mais il lui restera l'Ecole de France, et son Vatican sera occupé par quelque gouverneur comme un Buoncompani, un Brofferio, un Valerio ou même un Cavour charmé pour couronner son œuvre de pouvoir trôner sur les débris du trône pontifical.

L'Empereur a brûlé le Pape sur l'autel de l'alliance Anglaise. Les trois royaumes unis s'en réjouissent; ceux qui aiment l'Empereur s'en affligent, car ils sont forcés de reconnaître qu'il dément par sa brochure les nobles paroles adressées par lui au Pape, il y a moins d'un an, et que s'il fait les affaires du Piémont et de l'Angleterre il les fait en blessant le sentiment Français.

La brochure, malgré les louanges dont on l'accable, n'est pas digne de l'Empereur, c'est de *l'About* sérieux. Ce qui non plus n'est pas digne de l'Empereur, c'est sa présence à la Porte St-Martin et ses applaudissements, ainsi que ceux de l'Impératrice prodigués au drame de *La tireuse de cartes.*

Cette dernière action montre la recherche d'une mauvaise popularité.

Il m'en coûte de ne pas approuver l'Empereur, mais vraiment je ne le peux pas. Je l'ai suivi et servi avec une fidélité parfaite et plein d'espoir en l'avenir; je le suivrai et le servirai dorénavant avec la même fidélité, mais je l'avoue, avec tristesse.

MINUIT.

Je déplorais ce soir au Cercle Impérial en causant avec le général Ornano la publication de la fameuse brochure, et je trouvai ce vieil ami de l'Empereur aussi désolé que je le suis moi-même, du mauvais effet qu'elle produit.

« C'est un grand malheur, » me disait-il, « que cette « lutte commencée contre le clergé. Troplong et Morny « ont été désolés lorsqu'ils ont connu la brochure qui « leur semble malencontreuse.

« Les ministres sont demeurés abasourdis, elle n'avait « été communiquée à aucun d'eux. »

L'Empereur s'est créé un grand parti ennemi, le clergé, et il avait su le rallier jusqu'à présent.

SAMEDI 31 DÉCEMBRE.

L'Empereur, mécontent, dit-on, de la ligne de conduite adoptée par l'Espagne dans l'affaire Romaine, lui redemanderait deux cents millions qu'elle doit à la France.

Que vont dire les journaux ministériels ou plutôt gouvernementaux qui s'élèvent avec tant de force contre la réclamation de quarante-quatre millions faite par l'Angleterre, et qui la trouvent abominable au moment même où l'Espagne fait de si grands efforts dans sa guerre contre le Maroc?...

Ceci prouve surabondamment qu'il ne saurait y avoir d'indépendance quand il y a des questions d'argent, et que le Pape soldé par les gouvernements catholiques perdrait son libre arbitre.

La Patrie annonce que l'ouverture du congrès est différée. Quelques personnes émettent des doutes sur sa réunion.

Quelques journaux gouvernementaux entament une discussion maladroite et passionnée du factum de Monseigneur Dupanloup.

Le Constitutionnel qui veut être très malin essaie ce matin dans un article adressé sous forme de lettre à ce prélat le système des personnalités.

Je le répète, cette affaire est mauvaise, et la brochure fera grand mal. Nous ne sommes point assez remis pour risquer de telles secousses.

Il y a un an, l'Empereur qui rêvait depuis longtemps la guerre d'Italie, et qui en avait décidé l'exécution depuis trois mois, dit à la réception du jour de l'an à l'ambassadeur d'Autriche les fameuses paroles qui ne laissèrent douter personne de ce qui allait arriver. Puis l'Empereur fit paraître une brochure émanée de sa pensée personnelle sur la question Italienne.

Aujourd'hui, sur la question Romaine, il livre encore sa pensée à l'impression; je ne crois pas qu'il soit bon qu'un souverain se prodigue ainsi; je ne crois pas surtout qu'à la veille d'un congrès un souverain qui doit y siéger comme partie principale, fasse une œuvre juste en publiant une brochure semblable à celle qui occupe en ce moment l'attention publique.

Les journaux Italiens réclament déjà Civita-Vecchia et le reste des Etats Romains à l'exception de Rome. S'ils obtiennent ce qu'ils désirent, on travaillera à décatholiser Rome et le *tour* sera complètement fait.

Déjà en Toscane, les sociétés bibliques Anglaises travaillent ardemment et sur les plaintes du clergé, le gouvernement répond que l'exercice de tous les cultes est libre. L'Italie protestantisée est le grand espoir de l'Angleterre. Le jour où le protestantisme triomphera, l'influence Française disparaîtra tout à fait.

Il ne faut pas croire que la Papauté soit si peu de chose en Europe et dans le monde, qu'on en puisse faire bon marché. Si les tempêtes humaines avaient la possibilité de le faire disparaître, la liberté y gagnerait peu, car je ne sais pas si l'on doit envier le sort de la Russie où le souverain est tout à la fois le chef de l'église et le monarque.

Ces deux pouvoirs réunis peuvent coexister dans un petit Etat comme l'Etat Romain, et encore, parce que la perpétuité de cette coexistence ne se transmet pas de père en fils, elle ne saurait exister là où la famille s'en emparerait. Rien n'est plus absolu avec des prétentions à l'extrême liberté que le système Anglican et rien n'est plus tyrannique, il n'y a pour en être convaincu qu'à parcourir les trois royaumes unis.

Il serait bon certainement de solliciter du Pape quelques réformes dans l'administration séculière de ses Etats, de l'appuyer dans ses intentions réformatrices et surtout de surveiller les agitations des révolutionnaires Italiens, qui, comme en 1848, viendraient entraver ses bonnes intentions, car dans cette voie de réformes, le jour où elle serait ouverte, on verrait accourir à Rome, les Mazziniens de toutes les parties de l'Italie; mais il ne faut point déconsidérer le Père commun des fidèles, en lui enlevant tout pouvoir temporel ainsi que le propose la brochure.

La révolution disait aussi en 1789 : *Si nous dépouillons le clergé, si nous lui reprenons des biens qui lui ont été confiés, nous n'enlevons rien à la religion. La primitive Eglise, celle des catacombes, brillait par sa pauvreté, et les peuples s'inclinaient devant elle, pleins de respect.*

La révolution disait cela, et trois ans plus tard, les Eglises étaient fermées, le culte était proscrit, et les prêtres étaient renvoyés aux catacombes, mais massacrés; on les sortait par charretées des prisons pour les enfouir pêle-mêle dans les excavations des plaines de Montrouge.

En prenant les biens du clergé, l'assemblée nationale lui avait alloué des subsides, comme on propose aujourd'hui d'en allouer au Pontife Romain. Peu après on demanda au clergé de prêter serment à une constitution civile et comme sa confiance lui défendit de le prêter, les prêtres dépouillés de leurs biens, le furent de l'indemnité qui leur avait été concédée.

Enfin, le caractère sacré du prêtre devint un motif de condamnation capitale, et au nom de la philosophie la fin du XVIIIe siècle revit les martyrs, servis en spectacle, à une populace stupide.

La révolution demande aujourd'hui la confiscation des Etats du Pape, en protestant de son respect pour sa personne sacrée, demain elle demandera sa proscription.

· Catacombes, rouvrez-vous !

(Fin de l'annee 1859.)

Correction :

Pag. 128, en haut, il faut lire « Vendredi 5 *Août* » au lieu de « Avril ».

www.ingramcontent.com/pod-product-compliance
Lightning Source LLC
LaVergne TN
LVHW010550110826
845149LV00003B/613

* 9 7 8 2 0 1 2 7 5 0 7 5 3 *